人民的见证

十八洞村十年巨变口述史

湘西土家族苗族自治州地方志编纂室

湖南省地方志编纂院

编

2013
—
2023

RENMIN DE JIANZHENG

SHIBADONG CUN SHINIAN JUBIAN KOUSHUSHI

人民东方出版传媒
People's Oriental Publishing & Media
东方出版社
The Oriental Press

湖南人民出版社

图书在版编目（CIP）数据

人民的见证：十八洞村十年巨变口述史 / 湖南省地方志编纂院，湘西土家族苗族自治州地方志编纂室编 . ——
北京：东方出版社；长沙：湖南人民出版社，2023.10
ISBN 978-7-5207-3688-6

Ⅰ . ①人… Ⅱ . ①湖… ②湘… Ⅲ . ①农村—扶贫—研究—湘西土家族苗族自治州 Ⅳ . ① F323.8

中国国家版本馆 CIP 数据核字（2023）第 187091 号

人民的见证：十八洞村十年巨变口述史
〔 RENMING DE JIAN ZHENG: SHIBADONG CUN SHINIAN JUBIAN KOUSHUSHI 〕

- -

编　　者：湖南省地方志编纂院
　　　　　湘西土家族苗族自治州地方志编纂室
策　　划：姚　恋
责任编辑：朱兆瑞　张洪雪
出　　版：东方出版社　湖南人民出版社
发　　行：人民东方出版传媒有限公司
地　　址：北京市东城区朝阳门内大街 166 号
邮　　编：100010
印　　刷：湖南印美彩印有限公司
版　　次：2023 年 10 月第 1 版
印　　次：2023 年 10 月第 1 次印刷
开　　本：880 毫米 ×1230 毫米　1/16
印　　张：26.75
字　　数：420 千字
书　　号：ISBN 978-7-5207-3688-6
定　　价：328.00 元
发行电话：（010）85924663　85924644　85924641

- -

《人民的见证：十八洞村十年巨变口述史》

编审委员会

▲　十八洞村精准坪广场纪念石碑

▲　阳光沐浴十八洞村

▲ 烟雨朦胧十八洞村

▲　十八洞村全景风光

▲ 十八洞村山泉水厂至梨子寨盘山路

▲　十八洞村进村大门

▲　湘西边城机场通航仪式

▲　十八洞村改造前的木房

▲　十八洞村改造后的木房

▲　十八洞村农户厨房旧貌

▲　十八洞村农户厨房新貌

▲ 十八洞村小学教室旧貌

▲ 十八洞小学教室新貌

▲ 村卫生室旧貌

▲ 村卫生室新貌

▲ 改造前的通寨道路

▲ 改造后的通寨道路

▲ 十八洞村民庆祝"11·3"纪念日演出

▲ "精准扶贫"首倡地主题陈列馆一角

▲　十八洞村党员群众集中学习

▲　十八洞村迎宾鼓

▲ 苗族重要迎宾仪式——拦门酒

▲ 苗族传统节日赶秋节

▲　八人秋千

▲　苗族人家娶亲

▲　十八洞村人民幸福生活

▲　十八洞村民发放产业分红

▲　十八洞村山泉水厂

▲　十八洞黄金茶特色产业园

▲　苗绣"绣"出十八洞村人的幸福

▲　十八洞村销售农家腊肉

▲　十八洞村猕猴桃标准化基地

▲　十八洞村壮美大峡谷

序　言

人民是历史最伟大的创造者和见证者，人民是历史最真实的记录者和书写者。那些改写人生轨迹的重大时刻，那些改变历史命运的伟大创举，注定被人民赞颂与铭记。

2013 年 11 月 3 日，习近平总书记到湖南省花垣县十八洞村考察调研，首次创造性提出精准扶贫重要理念，作出"实事求是、因地制宜、分类指导、精准扶贫"的重要指示，向全党全国发出了精准扶贫动员令。从此，一场艰苦卓绝、波澜壮阔、载入史册的反贫困大战在十八洞村吹响号角，并嘹亮全国。

十八洞村位于湖南省湘西土家族苗族自治州花垣县双龙镇西南部，是一个纯粹的苗族自然村落。因村内拥有丰富的溶洞群而得名。全村总面积 9.44 平方千米，共有梨子、竹子、飞虫、当戎 4 个自然寨，6 个村民小组，239 户 946 人。由于沟深路陡、偏远封闭、山多地少、资源匮乏、居住分散、道路狭窄泥泞、房旧屋破、人畜共居，村民生活环境十分艰苦，十八洞村一直在贫困和反贫困中艰难跋涉。2013 年，全村人均纯收入仅 1668 元，建档立卡贫困户 136 户，贫困人口 533 人，贫困发生率 56.8%，集体经济空白，群众对脱贫致富缺乏信心，"等、靠、要"思想严重，内生动力不足。苗歌"三沟两岔山旮旯，红薯洋芋苞谷粑。要想吃顿大米饭，除非生病有娃娃"，真实反映了十八洞村精准扶贫之前的贫困状况。

十年来，十八洞村始终牢记习近平总书记的殷切嘱托，以"首倡之地"行"首倡之为"，在"精准扶贫"重要理念的科学指引下，坚持扶志与扶智并举，推动由"输血"向"造血"转变，激发群众内生动力，全面系统推动产业发展、文旅结合、绿色生态、乡村治理等方方面面齐头并进，积极探索，先行先试。以"修旧如旧""把农村建设得更像农村"为理念，打造看得见山、望得见水、留得住乡愁的美丽乡村。如今的十八洞村，已经发生了翻天覆地的变化。人均纯收入从 2013 年的 1668 元增长到了 2022 年的 23505 元，村集体经济收入从零增长至 380 万元。现在的十八洞村，基础设施全面改善，村民收入显著提高，外出务工的村民们也纷纷返乡，做苗绣、办民宿、当导游、经营电商，生活水平蒸蒸日上，十八洞村民们的脸上洋溢着幸福笑容。

十八洞村民是脱贫攻坚这一伟大事业的经历者、实践者，是十八洞村十年历史巨变的见证者、受益者。十八洞村的改变，是脱贫攻坚壮美画卷中最浓墨重彩的一笔，更是新时代十年伟大变革的生动缩影。新时代十年，十八洞村民既见证了共产党人的庄严承诺，又见证了十八洞村由穷向富的历史跨越；既见证了苗家山寨的历史巨变，又见证了自我奋斗的强大力量。

十八洞村在这十年中如何发生历史巨变，村民感受最为直接、最为深刻、最具说服力。为客观记录好这些历史亲历者口中十八洞村的历史巨变和自身及家庭的重大变化，及时保存好这一珍贵历史资料，在湖南省地方志编纂院的指导下和湘西土家族苗族自治州委、湘西土家族苗族自治州人民政府的领导下，湘西土家族苗族自治州地方志编纂室迅速启动《人民的见证：十八洞村十年巨变口述史》的编纂工作，并组织 10 余名史志业务骨干深入花垣县十八洞村开展采编和史料征集工作。从启动到送审历时近 2 年，共访谈村民群众、返乡青年、创业先锋、外嫁女儿、嫁入媳妇、基层党员干部等100余名。纳入本书的口述者中，从20岁到83岁，从文盲到大学生，从昔日的贫困群众到今日的致富能手，从外嫁女儿到嫁入媳妇，从普通群众到党员干部等，涵盖各年龄阶层、行业领域、小组村寨，具有很强的代表性。口述者客观讲述了十八洞村在党委政府的正确领导和组织下，在社会各界的大力支持和关心下，在自身努力拼搏下，组织建设、基础设施、交通运输、产业发展、文化教育、民风民俗、生活质量等方面发生的历史巨变。他们用朴实无华的语言、真挚诚恳的感情，讲述了个人及家庭的切身变化，他们的奋斗事迹、变化案例感人肺腑、催人奋进。

一村之变，是新时代中国厚植民生福祉的剪影。十年笃行，是以人民为中心的发展思想的生动实践。在精准扶贫重要理念提出十周年之际，编纂《人民的见证：十八洞村十年巨变口述史》，具有十分重要的政治意义、深远的历史意义和重大的现实意义，将进一步激励和鼓舞精准扶贫首倡地的党员干部和各族人民铭记党恩党情、传承红色基因、矢志砥砺奋进。

目录

第二章

春风化雨

078

第三章

春风
桃李

172

第四章

春晖寸草

224

第五章

春华秋实

302

第 一 章

春风雨露

2013 年 11 月 3 日，习近平总书记来到十八洞村考察，在凹凸不平的土院坝里召开座谈会，首次创造性提出精准扶贫重要理念，作出"实事求是、因地制宜、分类指导、精准扶贫"的重要指示。自此，精准扶贫的重要理念如春风一般从这里吹向大江南北。据统计，一共有 48 名村民参加 11 月 3 日的座谈会，他们成为精准扶贫重要理念的最早聆听者、见证者和受益者，成为十八洞村的乡贤，成为十八洞村的一张张名片。

施金通

男，苗族，1979 年 5 月出生
中共党员

　　现任中国共产党第二十届中央委员会候补委员，花垣县双龙镇副镇长，十八洞村党支部书记、村委会主任。2021 年 6 月 28 日，中共中央授予其"全国优秀共产党员"称号。2022 年 10 月 22 日，施金通亮相中国共产党第二十次全国代表大会第二场"党代表通道"，在中外媒体的镜头前，讲述"精准扶贫"首倡地十八洞村的山乡巨变。

精准扶贫，山乡巨变

口述：施金通
整理：李安琪　方君才

我是土生土长的十八洞村人，于 2000 年 4 月加入中国共产党。

以前，我们十八洞村在花垣县也很出名，不过是因为穷。附近的群众还给我们编了很多顺口溜，比如"有女莫嫁梨子寨，一年四季吃野菜。山高沟深路难走，嫁去后悔一辈子"。我们老百姓自己也总结了"三怕"：一怕猪太壮，交通不便运不出；二怕孩子成绩好，考上大学送不了；三怕家人有病患，生病住院看不起。从这些顺口溜就可以看出，不要说别人看不起我们，就连我们自己都看不起自己。

这样的生活现状，老一辈们都习惯了，但是年轻人见识多了、眼界宽了，都想着往外面跑，这里根本就留不住人，40 岁以下的年轻人不超过 5 个。俗话说，人争一口气嘛，我就不信我们村会这样一直穷下去。面对这样的现状，我坚持没外出，始终坚信跟着共产党，就会过上好日子。2000 年 4 月，我只有 21 岁，光荣地加入了中国共产党，逐渐参与村里的事情。2005 年，飞虫村和竹子村合并为十八洞村，大家又选举我当了村委会主任。那时我只有26岁，还是初出茅庐的年轻小伙子。面对一个合并村，又没有什么工作经验，将近1000双眼睛看着我，我感觉到压力很大啊，担心辜负父老乡亲的期望。

"再大的困难也得冲上去，有共产党的领导，就没有办不好的事。"开村支"两委"会时，村支部书记石顺莲这样鼓励我们。我们那一届班子在硬化公路、种烤烟等方面还是想了很多办法的。2010年，我参加公开招聘被录用，到排碧乡工作，但我的心从来都没有放下过十八洞村里的父老乡亲。因为我是十八洞的孩子，我的血脉流淌着绵延不断的乡愁，我牵挂着家乡的一草一木。2013年，在组织的关心和群众的信任下，我又回到十八洞村代理村委会主任，继续带领群众探索致富的路子。到了2013年，村里虽有所发展，但仍处于深度贫困，人均年收入1668元，村集体经济收入为零。

伟大的时刻，终于来到了！

2013年11月3日，习近平总书记来到十八洞村看望乡亲们，与群众亲切交流座谈，首次创造性提出精准扶贫重要理念，作出"实事求是、因地制宜、分类指导、精准扶贫"的重要指示。自此，科学的理念、决战的信心、攻坚的行动从这里出发，可复制、可推广的经验从这里出发，脱贫攻坚进入精准扶贫新时代。十八洞村成为"精准扶贫"首倡地，让世界瞩目。

每次回忆这段历史，我都心潮澎湃、热血沸腾。我成了历史的幸运儿，见到了人民领袖习近平总书记，并向他介绍了十八洞村。从那一天起，我更加感到肩上的担子沉甸甸的，我暗下决心，一定不能辜负总书记的期望和嘱托，一定要带领大家挖断十八洞村千百年来的穷根，率先摘掉贫困的帽子，让十八洞村的群众过上好日子。

2014年1月，我在排碧乡担任综治办主任，并被乡亲们请回去兼任十八洞村第一书记。花垣县委也派出了中国第一支精准扶贫工作队驻村开展工作。在精准扶贫思想光芒的照耀下，在上级党委政府的领导指引下，我和村支"两委"班子、驻村扶贫工作队一起按下了十八洞村发展的"快进键"。

村里要发展，思想是关键。当时很多人思想都没转过来，盖房子、发展产业都希望搞特殊照顾，甚至有的想着可以坐等分钱。我们探索出"村民思想道德星级化管理"模式，每年组织召开一次全体村民大会，对全村 16 周岁以上的村民，从支持公益事业、遵纪守法、家庭美德等 6 个方面进行公开投票，当场宣布评选结果，按得分多少划分星级，分为二星级到五星级 4 个标准，并在全体村民大会上公开表彰，挂星级牌管理。同时举办道德讲堂，组织系列文化活动，调动群众的积极性，激发群众内生动力。我带头喊出了"有钱没钱，大干三年""党员干部先干一步"的口号。村里修路占地没钱补，党员龙太金主动说"从我家先挖"；党员隆英足在村里发展养猪合作社，先后帮助 20 多户贫困家庭"白手起家"；"天作被，地当床"、嗜酒成性的孤儿龙先兰，在我和扶贫工作队队长龙秀林的帮助下，成为养蜂致富、脱贫脱单的创业能人。几年下来，十八洞村群众人心齐、干劲足，大家累计自愿投工投劳 5000 余个。

村民要致富，产业是基础。我们精准发展产业，因村定策、因户施策，推动由"输血"到"造血"的转变。我们探索"飞地"产业，"跳出十八洞，发展新产业"，通过股份合作，组建花垣县十八洞村苗汉子果业有限责任公司，在湖南湘西国家农业科技示范园区异地流转土地 1000 亩用于建设精品猕猴桃基地。2014 年，村苗绣合作社成立，老村支书石顺莲当理事长，带着村里村外 20 多个女徒弟接单刺绣。合作社订单满满，实现销售收入 26 万元。随着村里的游客越来越多，我们鼓励和引导村民自主创业，村里农家乐开起来了，民宿建起来了，特色农产品种起来了，摊位摆起来了。村里考上

▲ 十八洞村开展苗绣技能培训

大学的学生成倍增长，大龄青年逐渐"脱单"。

村庄要变化，环境是重点。要发展就必须有个好的环境，我们首先完善了基础设施，改善村容村貌。基础设施方面，拓宽通村主道 4.8 公里，全村 225 户房前屋后铺上了青石板，家家通上了自来水，户户用上了放心电。村里还建设了村级游客服务中心、停车场、观景台、千米游步道。升级改造了村小学和卫生室，建立了村级电商服务站、村级金融服务站，无线网络覆盖了全村，村居面貌焕然一新。

一番苦干、实干、巧干，我们终于收获了成功的果实。2016 年，十八洞村实现人均纯收入 8313 元，比 2013 年增加 6645 元，增长率 398%。2017 年 2 月，十八洞村在全县率先整村脱贫，闯出了一条可复制、可推广的脱贫攻坚"十八洞经验"。

我的努力和付出，也得到了组织的信任和关心。2016年3月，我被提名为双龙镇副镇长候选人。2017年3月，十八洞村脱贫后的第二个月，我离开了村第一书记的岗位。虽然我离开了第一书记岗位，但我的父老乡亲在这里，我的根在这里，我始终关心十八洞村的发展，积极参与十八洞村的发展。2018年，我同县委驻十八洞村工作队一道，多次找到农夫山泉公司高层，洽谈十八洞村山泉水开发事宜。10月，在上级帮助下，通过辗转努力，引入步步高集团，建成十八洞村山泉水厂，当年村集体经济收入达64万余元。种养、苗绣、劳务、旅游、山泉水5大产业体系在十八洞村已经形成，并带动周边26个村抱团发展。

2020年4月，我全票当选十八洞村党支部书记、村委会主任。这一年，村里人均纯收入增长到18369元，村集体经济收入突破200万元。到村学习参观的游客达60余万人次，村里发展农家乐14家、民宿8家，每家平均年收入可达10万元。

2021年2月，十八洞村获"全国脱贫攻坚楷模"荣誉称号。在全国脱贫攻坚总结表彰大会上，我作为十八洞村代表，从习近平总书记手中接过奖牌。我们不负重托，斩断千年穷根，让十八洞村的群众过上了幸福的日子，终于圆满地向习近平总书记交上了一份优秀答卷。所以，再次见到习近平总书记的那一刻，紧张、激动、骄傲的心情充满了我的心。那种喜悦的心情用再多的文字来形容，也显得苍白无力。

如今的十八洞村好似跨越千年，换了人间。十年过去，我们的苗寨越来越美了，我们的苗族群众越来越富裕了。2022年，村民人均年收入增加到23505元，村集体经济收入增长至380万元。

下一步，我们将重点推动第一、二、三产业融合发展，打造红色、绿色、古色"三色"乡村产业。十八洞村是全国脱贫攻坚交流基地。我们还要建强新时代红色地标，通过研学交流讲好红色故事。我们有高山、峡谷、瀑布、溶洞，要利用自然优势开发建设田园综合体，用好绿色资源。十八洞村是少数民族聚集区，民族文化非常浓厚。我们要一举推进文旅融合，"绣"好古色文化。

如今，"11月3日"已经成为我们十八洞村具有特殊感情和特殊意义的重要日子，大家强烈呼吁将"11月3日"设立为固定节日。经人民群众呼吁、人大代表提议，2022年10月10日，花垣县十八届人大常委会第七次会议决定，将每年11月3日设定为花垣"吉客节"。"吉客节"就是苗族群众的"感恩节"（"吉客"在苗语里是感恩、感谢、吉祥如意的意思）。村里新出生的小孩取名出现了一个新现象，有的叫思恩，有的叫念恩。每当我去

▲ 施金通（右一）在十八洞村宣讲党的二十大精神

北京开会，淳朴的苗家阿爷阿娘都会叫我带上苗家米酒、腊肉、猕猴桃等土特产品给习近平总书记，虽然我没带这些东西，但一次次的群众呼吁、一个个感恩的名字、一回回"请带土特产品"的心意，表达的都是十八洞苗族群众对中国共产党和习近平总书记的感激感恩之情。

石拔三

女，苗族，1950 年 9 月出生

　　十八洞村梨子寨村民，原建档立卡贫困户。2013 年 11 月 3 日，习近平总书记到十八洞村考察时，亲切地称石拔三为"大姐"。

天天可以看见您

口述：石拔三
整理：方君才　谭秀华

我今年 74 岁。我讲不好客话（汉语），我名字里的这个"拔"在苗语里是姑娘、妹妹的意思，我是家里的第三个姑娘，阿贾（爸爸）阿乃（妈妈）没读什么书，就叫我石拔三。以前这里都讲苗语，翻译成客话后，把拔三读成了爬专，有的人又喊我石爬专，还有人喊我石拔哑。

以前，我最远只去过排碧场（集市），没什么见识；这几年我坐过好几次飞机，还飞到了北京，看到了天安门。十年过去了，习近平总书记那一声"大姐"，可叫到我心坎里了，想起来心头就热乎。

我一辈子都会记得那一天，2013 年 11 月 3 日，那天是我们十八洞的好日子哟！习近平总书记来到十八洞。我站在门口，他和我握手，我就挽着他的手走进我屋，然后到火塘边坐下。我跟他说："不知怎么称呼您。"总书记说："我是人民的勤务员。"总书记又问我多大年纪了，我说我 64 岁了。总书记微笑着说："您是大姐。"村主任告诉我，这是我们总书记，他从北京过来看我们。我也笑着说，是北京过来的我就晓得了。总书记问我有几个孩子，我说有偶来黛帕（两个姑娘）。然后他拉着我的手去看我住的地方，又看米缸，总书记揭开米缸盖子，问我粮食够不够吃，生活过得好不好，我回答生活一般，吃酸汤吃豆腐都算好的了。后来，又去我屋的猪栏边看养的猪肥不肥。总书记问我粮食和猪是自己留着吃还是拿来卖。我就回答，两个姑娘嫁出去了，我们家只有两个老人，找不到钱，秋收得了20担稻谷，稻谷要卖一些用来买油盐吃、买衣服穿。猪也是要去卖的，用来买肥料、买种子。

总书记和我拉家常，亲切地称呼我为"大姐"。我家里穷，没电视看，根本没认出来，更没想到眼前的人就是总书记。那时候我不明白总书记讲的"人民的勤务员"是什么意思，现在我晓得了，"人民的勤务员"就是专门关心咱们老百姓的人。

我18岁就从隔壁的岩锣村嫁到十八洞，如今已有50多年了。以前太穷了，有多穷？别个村的媳妇生伢儿（孩子）可以喝红糖水，可在我们十八洞村，哪有钱买红糖？只能从灶壁上刮点灰，给产妇泡水喝。我生头个女儿是这样，生第二个女儿也这样，当时能吃饱一餐大米饭就不错了。

我的老伴儿施齐文长年患病，我们两个住在黑黢黢的房子里，唯一的电器就是堂屋那一盏5瓦的灯泡。我们村人均耕地就8分多，"地无三尺平，多是斗笠丘"，那些看似不起眼的耕地都是祖祖辈辈从三沟两岔的岩坷坷（石块堆）里扒拉出来的，真不容易哦。家里的生活主要靠种苞谷[①]、水稻来维持，连吃饭都成问题。

总书记来到十八洞村后，我们村变化好大！以前进村的路只能过一台拖拉机，现在的路比以前宽多了，而且都是炒砂路（沥青碎石路面），大巴车都能直接开进村。好多外出打工的人转（回）来了，有开农家乐的、养蜜蜂

---

① 主要的粮食作物和饲料作物，不同地区有不同名称，后文有的口述者也称苞谷为玉米、苞米。——编者注

▲　石拔三、龙德成老人品尝猕猴桃

的、种猕猴桃的……村子每年都有新变化，年轻人越来越多，村里的特产也卖得特别好。

我家里变化也好大！房子改造过了，再不像以前那样黑黢黢的，堂屋地面改成了水泥地。家里还添置了电器，电冰箱摆在客厅，液晶电视挂在墙上，电饭煲、电磁炉什么都有。我家的厨房和茅厕也改造了，尤其是以前那个两块木板一个坑的老式茅厕，改成了有抽水马桶的卫生间。家里每天我都要打扫两遍，游客来了都讲我家好干净。

我自己变化更大！以前我不太爱说话，也不爱串门。总书记的那声"大姐"，就像一个开关，让我由内而外地改变了。现在大家都说我就像重生的梨子树，真好看哟！我和村里的导游妹子学会了几句简单普通话，加入了村里的文艺队，和大家一起说说笑笑拉家常，很开心。我每个月还有低保收入。2015 年，我被十八洞村旅游公司聘为"参观考察特约联系户"，成了宣传十八洞村的形象大使，每天在家接待游客。家里还有两个展示柜，客人来的时候，我向他们卖冷泡茶，卖十八洞村山泉水，每个月有 1500 元工资。我还入股了苗汉子集团的猕猴桃种植合作社，现在都拿到了好几千元的分红。我的小女儿在家每年都要喂养六七头山猪，我们一起做腊肉在十八洞卖，我自己可以卖得 5000 多元。我们湘西有个写书的彭学明，每年卖书（《人间真是艳阳天》）的钱（稿费）全部给我。一年下来少说我也有 3 万多元的收入。

现在的日子过得好，想吃肉时就有肉吃，想穿新衣就有新衣穿。最开心的是，我家里有了电视机，每天我都要看《新闻联播》，总书记的画面一出现，我就放下手中的活儿，走到电视机跟前，好好看看他，听听他在讲什么。

村里这些年的变化，我都看在眼里，欢喜在心里。有一年的春节前，我请回村的大学生给总书记写了一封信："村里的日子越来越好了，乡亲们的笑脸更多了。这些年我们吃得好住得好，大家都盼望您再回村里看看……"后来，我又给金通，还有那个写书的彭学明他们讲："你们去北京了，带点腊肉给总书记嘛，我们的日子是越过越好了，乡亲们好想他！"

杨冬仕

男，苗族，1944 年 5 月出生
中共党员

　　十八洞村梨子寨村民，花垣县双龙镇九年一贯制学校退休教师。如今杨冬仕和老伴龙东姐在十八洞村经营"幸福人家"酒坊，酒坊正屋大门两侧挂着一副红底金字的对联：共产党领导福泽万代，习主席握手温暖人心。横批：幸福人家。

我家住在"幸福里"

口述：杨冬仕

整理：方君才　代尚锐

人生七十古来稀，今年（2023年）我都八十了。如果有人问我幸福不幸福，我肯定讲，我幸福，我的幸福三天三夜都讲不完，因为我家就住在"幸福里"。

2013年11月3日，是我最幸福的一天。那天我和平常一样，在家读报看电视，下午4点多，想出门走一走。刚把门打开，就看见习近平总书记走了过来，我经常读报看电视，当然认得他。我心里想，总书记怎么会来我们十八洞哟？我揉了揉眼睛，再看，是总书记！他人高高大大，和电视里面一样，是他，没错！我站在大门边上，激动得说不出话来。万万想不到，他特意走了过来和我握手，还问我是不是退休教师。我当时都蒙了，过了好几秒钟才说我是退休教师。他就说好，好，很好，又亲切地和我握手。握完手以后，我不知道怎么突然胆子大起来，说："总书记、总书记，我没想到，没想到您会到我们这个地方来！"他亲切地说，会来的，一定会来的。总书记握完手后，陪同他的其他同志也上前和我握手。我真的太感动了，太幸福了。

随后又有人跟我说，等下叫上老伴儿一起去开个会。我跟老伴儿一说，她高兴得连新衣服都没换上就去了。后来我一看，我们穿平常的衣服和总书记合照，还真好看，那才是我们生活最真实的状态。总书记在施成富家门前的坪地召开了座谈会，首次提出精准扶贫重要理念。我们围坐在总书记的身边，听得那个入迷啊，一个字也没有漏。会散了以后，当晚我怎么也睡不着，就想要用什么方式表达自己的心意。我是个老教师，和文字打了一辈子交道，所以想啊想，就想到了一副对联，于是就起身拿了纸笔写起来，上联是：共产党领导福泽万代；下联是：习主席握手温暖人心。横批是：幸福人家。

没等到天亮，我就把对联贴到了大门口。村里好多人都夸我对联写得好，也有人问我，横批为什么写"幸福人家"，我说我和总书记握过手，我老伴儿也和总书记握过手，还有比这更幸福的人家吗？当时对联是用红纸写的，容易褪色。后来换成了木板雕刻，字是由书法家写的。

"共产党领导福泽万代"不光是我一个人的心声，要我说呀，那是我们全中国人民群众的心声。自从"实事求是、因地制宜、分类指导、精准扶贫"重要理念提出后，来我们十八洞的驻村工作队一茬接着一茬干，一棒接着一棒跑，村民找准了方向，以不服输的劲儿真抓实干，村里发生了翻天覆地的变化。你看，昔日的泥巴路变成了沥青路，村内房屋修缮一新，银行、邮局等应有尽有，村民在家门口做起了小生意。我教的学生，有的回到村里当起了导游，有的回到村里种起了猕猴桃，还有的回到村里开起了农家乐，他们的知识都是我教的，你说我幸福不幸福？

1971 年，我作为花垣县第一批录用的公办教师，被安排到排碧乡九年一贯制学校教书，这一教就是 38 年，也没挪个窝。那时候工资不高，但我

▲ 杨冬仕家的对联

总觉得人生有盼头（希望）。从登上三尺讲台开始，我就只有一个想法：要教给孩子知识，让他们学更多的知识去改变命运。

那时教书不太容易，村民不重视教育，每到开学的时候，整个教室都空落落（空荡荡）的，几乎没有学生伢儿来上课。当时我们排碧乡（现双龙镇）十多个村的老师就开始分配任务，到各村一家一户上门去喊孩子们来上学。他们中有家庭条件特别差的，有重男轻女的，也有家长根本不愿让孩子上学的。我所在的村子叫竹子寨，属于排碧乡最偏远、最落后的地方，不读书的孩子很多。我是本地人，对寨上的情况熟悉，对家长也熟悉，有的孩子是被我从田间地头拉到学校去的，有的孩子是被我从山上放牛时拉到学校去的。由于村组路都是烂岩坷（零碎的石头）铺的，每年发动孩子上学，我至少要跑烂两双布鞋。当时我工资不多，一个月30来块的样子，一部分补贴家用，还有一部分就拿来给孩子们买书本纸笔。我老伴龙东姐是共产党员，又是村里的妇女主任，2022年还获得了"光荣在党50年"纪念章，她心肠好，很支持我帮助学生伢伢。

以前教书和现在不一样，老师都是一个人要教好几门课，孩子们听不懂客话，老师们得用双语（苗语和汉语）讲课。实际上排碧学校的教学状况不差，大概到了1990年，可以说是我们学校最辉煌的时期。那时候上面有一个政策，读完初中以后就可以读中专，中专包分配，出来（毕业）就直接分配工作了。那时候谁家的孩子有了工作，就等于捧上了"金饭碗"。所以，村村寨寨的家长都主动把学生往排碧学校送，再也不用我们去请了。家长们盘学生（苗语中的"盘学生"，意思就是供学生读书）起劲，我们老师教起学生来更起劲。

学校教学质量越来越好，好多外乡的学生都想到排碧学校来读书。当时我任学校党总支书记，因为学校办得越来越好，上级几次调我去县城工作，我都没去，我舍不得离开大山里的这些孩子。看到孩子们一个个走出去，我就感到幸福。现在我教过的学生都长大成人了，他们来看我，我却记不清楚他们的名字了。我们村里的老老少少一直叫我杨老师，他们也慢慢地忘记我的名字了。有个词怎么说，就是"相忘于江湖"吧，我们各自淡然相处，这样最好。如今，我儿子在教育部门工作，儿媳在花垣小学教书，孙女在上大专，读的小学教育专业，2024年回来就参加教书育人工作了。我们一家三代坚守三尺讲台，传承家风也传承教育初心，这是一种满满当当的幸福啊！

条件好了，我和老表家合伙酿酒，开了一家"幸福人家"酒坊。开酒坊是因为孩子们要接我们二老到县城生活，我们不愿离开。我和老伴儿想老有所为，要为村里的年轻人做个表率。我们家酿酒有些年头了，不少游客喜欢喝，说我们家酿的酒有幸福的味道。我老伴说，以前总盼过上幸福的日子，想不到幸福的日子有这么幸福，幸福得好像天天泡在蜂糖里。

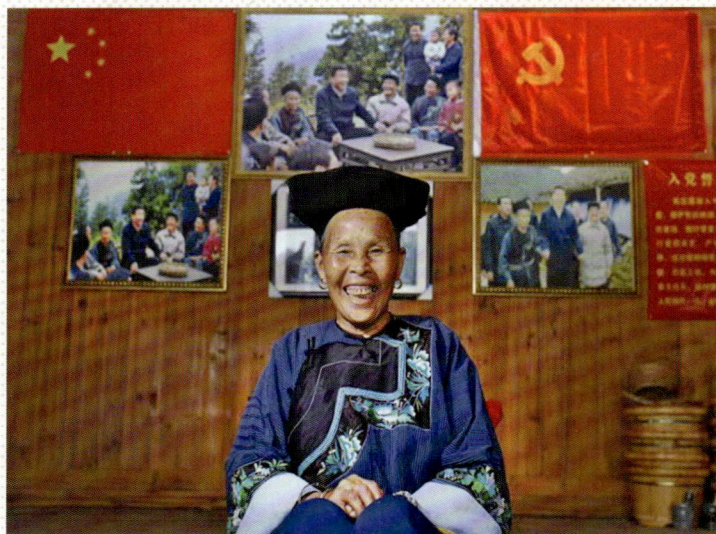

龙德成

女，苗族，1945 年 6 月出生

十八洞村梨子寨村民，原建档立卡贫困户。

我成了形象大使

口述：龙德成
整理：谭秀华　李安琪

　　我今年 78 岁了，是十八洞村梨子寨的村民。2013 年，习近平总书记来到了我家里，还在我家的院坝和乡亲们扯谈（开座谈会），我就坐在他的右手边，我老伴儿坐在他的左手边。没想到这一晃，十年就过去了。现在我们村发展旅游，游客都抢着要和我拍照，他们都说我是十八洞村的形象大使。

　　快 80 岁的老骨头，都能被当成形象大使，这是以前我想都不敢想的。我 4 岁就成了孤儿，嫁到十八洞以来，这辈子都还没出过双龙镇。以前我儿子在外面打工，没得办法，就剩下我和老伴儿两个人在家，成了留守老人。以前也没觉得苦，因为从小到大就是这么过来的，家家户户都是这样。反正大家都一样，也都习惯了。后来生活变好了，才知道原来生活可以这么轻松，这才觉得我们以前生活真的太不容易了。那个时候像今天这种下雨天，你到我家里是要打伞的。我家这个屋顶没几处是好的，以前坏了还上去修一下，后来年纪大了，腿脚不方便也不敢上去修，就一直没管它了。要是下雨了就用个桶啊、盆啊接着，家里的柜子、床就用塑料布盖一下。那时候家里边唯一的电器，就是一盏5瓦的灯泡。这个灯泡也不是经常开，电费也是要钱的，我们老两口也舍不得开。以前我们都是用煤油灯，因为便宜。别人养猪都盼猪肥，可是在我们这里，我们养猪都怕猪太肥。我们村那个时候路没修好，没有通车，汽车进不来，一头肥猪要五六个壮汉才能抬到寨子外面去。那会儿进出村子顶多骑辆摩托车，路全是砂石铺的，一不小心就会翻车，晴天弄得一身灰，雨天搞得一身泥。

我不晓得公历，但是我就记得2013年。那天总书记来，我和老伴儿就在路口处上前和他握手，总书记握着我们的手一直走到了我家里。总书记很高，我站在他身边，头顶刚好到他肩膀。到了我家里以后，他到了我们的房间，摸摸我们的铺盖看厚不厚，看看我家粮仓里面的粮食够不够吃，还打开衣柜看有没有过冬保暖的衣服。当时我们睡的被子都是黑黢黢的、潮潮的，家里什么也没有，连厨房也没有。现在家里发生了好大的变化，电视机挂在墙上，煮饭用电饭煲。不只添了电器，厨房和茅厕也改造了，尤其是茅厕，两条木板一个坑换成了抽水马桶。还把自来水引到了家门口，再也不用挑水了。看我家现在房屋盖得漂亮，墙刷得锃亮，屋子里头干干净净，桶里有粮，缸里有水。不仅仅是我家，现在每家每户都是这样！这要是放在以前，想都不敢想。

总书记来了以后，我家门前都成景点了，游客们都说我是十八洞村的形象大使，要和我合影，忙不过来哦。前几年我还到了北京，去了天安门，我第一次乘了高铁，坐了飞机，上了电视！现在我儿子他们也回来了，开起了农家乐，生意好得很嘞！那些游客在这里玩都要到我家来吃饭，还要找我合影拍照，有时候，我都拍不过来。我们这里经常还有外国人来，黑人也有，白人也有。他们只会讲"你好"，其他讲什么我也听不懂，我讲什么，他们也听不懂。他们就拉着我的手对着我笑，我也对着他们笑，我还有好多和他

▲　龙德成老人与老伴儿宣传十八洞村猕猴桃

们一起拍的照片。以前我只会讲苗话，现在我也学着讲一点客话了，像"你好、谢谢你、欢迎你们"，这几句我学得最好。除了这些，村里还有产业分红，每年政府还给我们这些老人一些补贴，我现在生活好，过得很好。平时就在精准坪广场晒晒太阳，和游客们聊聊天、拍拍照，每天安逸得很。前几年，为了拍照时好看点，我还把我脱落多年的牙齿给补上了。也不光是为了好看，这些年生活好了，望着好吃的鱼和肉吃不得，心里也急呢。现在牙齿补上了，什么都能吃一点了。

总书记来了以后，托他的福，改变了我，改变了我一家，也改变了我们村。我们十八洞村这里有大溶洞、小溶洞，山对面是吉首（市），左边是凤凰（县）……我们这里，山好、水好、人也好，尤其是党的政策好，相信我们的日子会越来越好。

石顺莲

女，苗族，1954 年 8 月出生
中共党员

　　十八洞村飞虫寨村民，曾担任村里义务接生员、妇女主任、村支部书记，2014 年卸任村支部书记，同年 8 月带头成立了十八洞村苗绣特产农民专业合作社，担任合作社理事长。

"绣"出新生活

口述：石顺莲

整理：李安琪　朱永炀

1976 年，我嫁到了飞虫村，1982 年入党。1996 年，我成为当时排碧乡（现双龙镇）唯一的一名女村支书。

从 1996 年大家选举我担任村支书以来，我的梦想就是带领群众致富，把十八洞村发展起来。

我担任村支书时，十八洞村面临的困境可能远超出大家的想象。简单讲三件事情，就可见一斑。一是没有村部。我们党员开会都是在我家，村里获得奖牌都是挂在我家。二是村里几乎没有娱乐设施。我们苗族妇女都喜欢打苗鼓，我们村的妇女就想组建一支文艺队。文艺队虽然很快就组建起来了，共有 25 个人，可是没有鼓啊。我们一起想办法，到处"化缘"才凑了一面鼓。还差一面，怎么办呢？凑巧（"凑巧"在苗语里是巧合的意思）那年我父亲过世了，按照苗族的习惯，必须宰杀他生前喂养的一头牛。就这样，利用这头牛的牛皮，又做了一面牛皮鼓。三是村民的节俭远远超出了我的想象。我在帮孕妇接生时，这些妇女都会吃锅灰水。锅灰水知道吗？就是用柴火做饭后，锅下面会被熏得厚厚一层黑灰，农村人把黑灰刮下来兑水喝。这是我们这里一辈辈传下来的土方子，说吃了这个水可以止血止痛。有的孕妇，就是买点红糖都舍不得啊。那时候，这里地方偏僻、交通不便，最大的收入来源就是种水稻和玉米，后来又开始种烤烟。所以，在这里，年轻人想的就是外出打工挣钱。

在我担任村支书时，为了脱贫致富，我们村的党员干部想了好多办法，也得到了上级部门的大力支持。比如，我们十八洞村这个村名，都是为了发展旅游而做的铺垫。我记得20世纪90年代末期，省地质勘探队到我们这里勘探了村里的那个大溶洞，我那时专门给他们带路。据他们说，我们那个大洞里面有18个岔洞，是个很好的景点，以后可以发展旅游啊。后来，有传说这里是古夜郎国练兵的地方，有人建议以后就叫"夜郎十八洞村"。2005年，飞虫村和竹子村合并，大家就建议叫"夜郎十八洞村"。最后，党员群众讨论村名时，还是建议把"夜郎"去掉。大家讲，我们这个地方讲话口音重，又偏僻落后，"夜郎"很容易读成"野狼"。本来单身汉又多，别人再听到"野狼"，姑娘们都不敢嫁进来了。最后，大家都同意叫"十八洞村"。还有一件事，为了发展，村民们接续努力十多年，一直在修通村公路。我记得到2011年省民委来这里驻村时，我们汇报的第一件事就是把梨子寨、竹子寨和飞虫寨这边的路拉通、硬化。

2013年11月3日，习近平总书记来到我们村。我当时是村支部书记，因为那天脚崴了不能走路，我就坐在椅子上参加了总书记在精准坪广场的座谈会。我记得总书记还走过来和我握了手，亲切地问了我的情况和村里的情况。我当时太激动了，在回答完总书记的问题后，本来想再说几句感谢的话，一下子不知道说什么了，激动得眼泪都流出来了。在这里，总书记提出了精准扶贫重要理念。那一刻，我就知道，我们十八洞村的扶贫将更加精准，发展速度会更快，多年脱贫致富的发展梦想就要实现了。

2014 年年初，村支"两委"换届，因为我年满 60 周岁，不再担任村支部书记，把机会让给了年轻人。虽然我没有再担任村支书，但想着给总书记汇报时人均年收入只有 1668 元，心里很不是滋味。在村支书岗位工作近 20 年，没有带领村民脱贫，是我最大的遗憾。

也许是我不甘心，我翻来覆去地想总书记提出的"实事求是、因地制宜、分类指导、精准扶贫"重要理念，就觉得我身体还行啊，我身上穿的苗绣也可以换成钱啊，我可以带领我们村的留守妇女和老人一起创业，还能发挥余热呢！于是，我和几个绣娘商量，一起成立了十八洞村苗绣特产农民专业合作社，并把自家的三间瓦房改造成苗绣工坊。合作社成立后，我把村里面的妇女都集中起来，先让她们参加培训，培训好后就开始绣一些产品。刚开始，绣娘们也很有顾虑，有的人说，苗绣这东西自己绣自己穿，绣那么多以后往哪里卖呀？能卖到钱吗？我说我尽量联系一些公司来对接我们，和我们一起合作。只要我们绣出产品，就由它们卖。由于我们的苗绣是纯手工的，工艺质量都很好，很快就受到市场的青睐，再加上十八洞村的品牌效应，就连新疆吐鲁番的公司都跑来跟我们谈合作了！2022 年，我们与中国中车集团签订的订单就有 10 多万元。十八洞村与中车集团合作推出的高铁车头配凤凰图案的苗绣作品十分富有特色，将民族元素与时代元素融合到一起，成了赠送外宾的高档礼品。

由于苗绣合作社的上班时间不固定，绣娘不仅可以照顾家庭，一个月还可以赚到 1500 到 4000 元的收入，所以苗绣合作社很受留守妇女和老人的欢迎，她们都积极参与进来。目前，我这里（合作社）有 54 名绣娘。

今年（2023 年），我们帮村里绣了一幅大转门，长 11 米，宽 3 米，用作纪念 11 月 3 日习总书记来到我们十八洞村的日子。每年 11 月 3 日，我们

▲ 石顺莲与绣娘们在一起

都要敲锣打鼓，举行庆祝活动，纪念习总书记来到我们十八洞村，代表我们没忘记党的恩情，我们要感党恩，听党话，跟党走，吃水不忘挖井人。

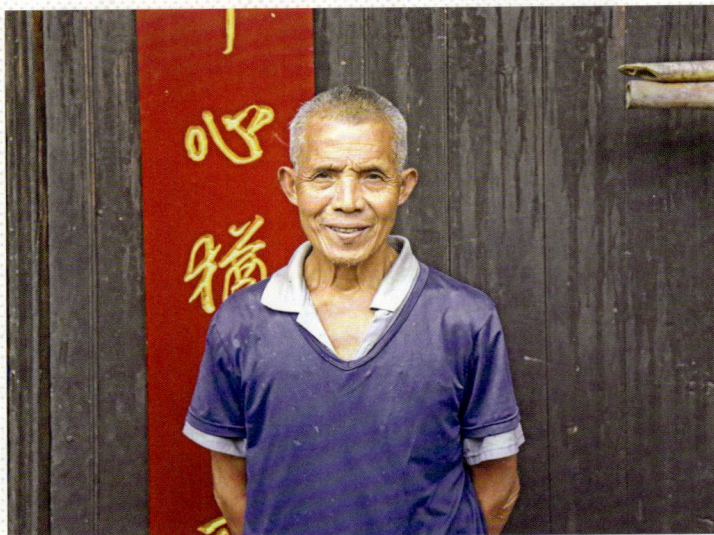

杨五玉

男，苗族，1949 年 1 月出生
中共党员

十八洞村梨子寨村民，原建档立卡贫困户，曾任十八洞村合并前的竹子村党支部书记。

路越来越宽，人越来越富

口述：杨五玉

整理：韩志强　欧阳静

我今年（2023年）74岁啦，住在十八洞村梨子寨。2003年，我从竹子村党支部书记岗位上退了下来，把肩上的担子交给了年轻人。现在我就在屋门口卖农产品，屋子也租给了中国建设银行做服务点。

2013年11月3日，习近平总书记来十八洞村考察，在现在的精准坪广场召开了座谈会，我非常幸运地参加了这次座谈会。在开会的时候，我特别紧张和激动，但更多的是高兴和骄傲。为什么这么讲呢？一是非常激动，我见到了习近平总书记，他来到了我们这么贫穷落后的小村子里，在当时确实是做梦都想不到的事。二是很骄傲。因为我在担任村支书时曾经带领大家修通了公路，习近平总书记到我们寨子，就是沿着这条公路坐车来的。三是非常高兴。习近平总书记讲到要精准扶贫，我就知道未来我们寨子肯定和以前不一样了，这里肯定要变化，几千年的贫穷肯定要被除根了。

我是一名退伍军人，1968年参军入伍，并且因为表现好在1970年入了党，退伍后就回到寨子里来。由于在部队当过兵，还入了党，我在村里也算是见过世面的人，1983年，大家选举我当竹子村党支部书记，希望我能带领大家脱贫致富。当时我们寨子里有5个村民小组，80多户人家，400多人，可是家家户户都是穷得揭不开锅，我们自己都讲："梨子寨穷，梨子寨苦，肩挑背驮磨破皮，养头肥猪卖不出……"这里穷了几千年了。讲来讲去还是没有公路嘛，进进出出只能靠双脚，从村里步行去当时的排碧乡赶场（赶集），翻山越岭要走2个小时。那时，大家做梦都想要一条公路啊。

回想在村党支部书记的岗位上，我做了很多事，但我最自豪的一件事就是把公路修通了，当年短短的5公里路，我们却修了4年。20世纪90年代，还没有要求村村通公路。所以，我们申请修路，上面只提供炸药和很少的资金，要我们自己去筹工。当我把这个情况告诉村民并让大家讨论修不修路的时候，他们都是非常支持修路的，甚至连在外面打工的年轻人听说家乡要修路，都回来了。他们讲，公路不修通，年轻的后生，老婆都找不到啊！后来大家聚到一起商量，决定用抓阄的法子把5公里长的路分成5段，每个村民小组负责一段。然后小组根据每户人家的田土面积，把修路任务细分到户。因为我们寨子地貌太复杂，都是山地，缓险不一、高低不平，为了公平，摸到险峻地段的村民小组就修短点，而摸到平缓地段的就修长些。那时候没有挖土机、铲车，修路只能靠大家伙儿用锄头挖、用钢钎凿、用钉耙刨。4年时间里，农忙时我们就停工，先忙各自的农活，农闲时我们就去修路，那都是不看天气不看时辰。家家户户都是只要不忙了，就去修路，一直干到天黑看不见路才回去。我作为村支书，那肯定是要带头冲锋在前嘛。那几年冬天，我直接在路边吃（吃饭）、在路边困（睡觉），哪家有困难了，我还要去帮忙。就在这样艰苦的条件下，我们所有人合力坚持修了4年。寨子通车那天，拖拉机"突突"地开进寨子，全寨人都欢天喜地敲苗鼓。一条石子混着沙子的黄色公路终于修通了。

路是修通了，可是村里还是没有产业，留不住人，年轻人该打工的还是打工去了。2003年，干了20年村支书的我，从岗位上退了下来。

　　习近平总书记来我们村以后，我们村的变化越来越大。我们村做的第一件事就是对这条公路进行了提质改造。这次修路就用上了挖土机、推土机，几个月的工夫就完工了，弯曲的地方拉直了，窄窄的地方拓宽了。现在的公路变成了很宽敞的两车道沥青公路，车子开起来，一点都不抖了。

　　路拓宽后，好多游客来我们这里参观、旅游哦，游客来了，大家发家致富的机会就来了！ 2013年，我家带头把自家的土地加入了农村经济合作社，一年到头按人头可以分到1600多块钱。我还到屋里摆摊卖自家种的土特产品，我老伴儿到前坪摆摊卖米豆腐。我屋老大（大儿子）也看到了机会，开起了饭馆做生意。我屋人各忙各的事儿，一年到头算下来个个都是"大丰收"。老伴儿摆摊卖米豆腐，一个月也有个两三千块咯；老大的餐馆位置好来客多，自己也肯做，生意好的时候也能得五六千块；我在家摆摊就少得（赚）点钱嘛，生意好的时候也有一两千块。2020年，银行到我们寨子来，要在这里搞几个服务点，方便群众取钱、存钱。他们看上了我屋的房子和地段，就和我签了合同租了下来。这一下，我的收入又翻倍了，一年的租金都有7万多。有了服务点后，大家取钱就方便很多了，我上个月的养老金就是在自家门口取的，再也不用像以前那样跑好远的路到双龙镇取钱了！

　　我是70多岁的人了，如今，我终于看见乡亲们富起来了！

石连银

男，苗族，1949 年 1 月出生
中共党员

　　曾任十八洞村合并前的飞虫村党支部书记，现为十八洞村保洁员。

拔除了穷根，治好了心病

口述：石连银

整理：李安琪　田元伟

　　我非常幸运地参加了 2013 年 11 月 3 日的座谈会，视频里面有个戴帽子讲话的就是我。回想起那一天，我现在都激动和兴奋。我记得那天，支部书记石顺莲讲有领导过来，喊我去梨子寨开会，具体是谁来、开什么会，我压根儿就不晓得。当时我坐在那里，猛然看见领导们从施成富家大门口走了过来。我惊着了，揉了揉眼睛，竟然是习近平总书记，不敢相信居然能在十八洞见到他。作为一名老支部书记、老党员，我也经常看新闻，所以第一眼就认出了走在最前面的是习近平总书记。他刚一进来，我们就自发地鼓起掌来——那一刻情不自禁地用力鼓掌，那种惊奇和兴奋的劲头就像做梦一样。习近平总书记亲切地和我们打招呼，向我们点头，向我们问好。在座谈会上，习近平总书记非常亲切和蔼地与我们谈话，问了我们的想法。总书记那么平易近人，我一下子就不紧张了。因为我当过村支书，胆子大一点，我就发言了。我讲，我们这里条件很差，老百姓很穷，希望政府帮助我们脱贫致富。当时嘛，我也没想那么多，还是以前的老办法，希望上面给钱、给项目。针对我们的贫穷，习近平总书记就给我们开出了"药方"，就是精准扶贫。到今年（2023 年），十年过去了，村里发生这么大的变化，我才明白过来，这一剂"药方"拔除了十八洞村贫穷的"病根"。

我是一名退伍军人，在部队入的党。1983 年，我只有 34 岁，在村里当了支部书记，这一干就是十多年。回忆那些年的经历，很多事我都记不清了。对比现在，我就觉得村民们思想越来越开明。以前嘛，也有村民对我们村干部有意见，为什么呢？我觉得有两方面的原因。一是我们自己工作没做好。那个年代，大家都这么穷，都盼望把日子过好，对我们村干部也寄予了希望。讲实话，我是老党员、退伍军人，又是土生土长的本村人，也是一心想把村里搞富裕起来。我们也想了很多办法，村里只有这么点田地，解决温饱肯定没有问题，要富起来那真的太难了。我们发动村民种植药材，但那时没有什么市场意识，对外面的行情根本就不了解，也没去和老板对接。我们都是埋头苦干，认为丰收了就能卖个好价钱。结果，第二年药材卖不出去了，没有老板来收了。现在想到这事都觉得羞愧啊！二是群众的思想没有现在这么开放。以前的村干部不好当啊，容易得罪人，哪一件事没做好，群众就对我们有意见。上面有个什么救助、帮扶或者项目的，大家都争着要。大家都这么穷，得到救助的人肯定高兴，没得到的人肯定就对我们有意见。我从村支部书记岗位退下来很久了，有的群众都还对我有意见。讲实话，这些事都成了我的"心病"。

现在，我感觉最明显的就是村民们的思想越来越开明了。精准扶贫工作队驻村后，搞（做）了好多（很多）事情，比如开展积分评比，给我们讲课培训。我把这些评比、讲课总结起来，就是要大家以当先进为荣、以当后进为耻。要致富就得开动脑筋，自己动手，不能"等""靠""要"。特别是村里还开通了网络，感觉就像给我们深山里开了一扇窗户，能呼吸到外面的新鲜空气了。村民们也能最快了解外面的市场，不会像以前那样蛮干。经过几年的发展，村民们就像变了一个样，一下子就和外面的世界接上轨了，连我们这些六七十岁的老人都晓得用微信支付了。这些事、这些变化，我都看在眼里。还有，大家致富的劲头那个足啊，非常主动。开始有游客来这里参观学习，梨子寨的村民们会主动到网上学炒菜、学技术。工作队又请了厨师专门到村里开展培训，村民们主动报名参加培训，根本不用发动。我们的村民以前都是拿锄头把子的，现在纷纷拿起了锅铲把子。以前在家会做苞谷豆腐的，现在摆地摊卖起了米豆腐，甚至七八十岁的老人家都去门口的停车场卖玩具、腊肉等。我这个老支书也成了村里的保洁员，以前我认为只有城里才需要保洁员，没想到现在我们村也需要保洁员了。旅游公司按月会给我发工资，平均每个月有 1800 多元呢。现在无论是游客还是村民，素质都越来越高，都很注重环境保护，所以保洁员的工作量也不大。

对我来讲，最欣慰的一件事就是村民们理解以前的村干部了。经过十年的发展，大家的视野变开阔了，心胸变宽广了，也不会为了芝麻大点的利益争来争去了。

精准扶贫重要理念不但拔除了村里的"穷根"，更治好了我多年的"心病"。我一个快 80 岁的人，等了大半辈子，终于等到了这一天。

施全明

男，苗族，1976 年 6 月出生

十八洞村梨子寨村民，原建档立卡贫困户，现为十八洞村胖子农家餐馆厨师。

从"翻译官"到厨师

口述：施全明

整理：李安琪　刘亮晶

　　我现在在自家开的农家乐做厨师，空闲时就到十八洞村酒业有限公司做搬运工，一年下来有不错的收入。

　　我是当过"翻译官"的厨师，这个"翻译官"是我自己封的，其实就是把苗语和普通话翻译一下。

　　2013年11月3日，习近平总书记来到我们十八洞村，看望我们苗寨的乡亲们，还和大家交流座谈。我非常荣幸地参加了习总书记主持的那次座谈会。说起来非常凑巧，也是非常幸运，我和我老婆本来在外面打工，当时我父亲身体不太好，我们就回来照顾他。那个时候，寨子里的年轻人绝大多数都外出打工了，留在村里的不是老人就是小孩，又懂苗语又会讲普通话的年轻人非常少。特别是年纪大的老人，用普通话沟通交流都很吃力。我是当时极少数还待在寨子里的年轻人，因为我出去打过几年工，既会讲普通话又会讲苗语，有领导来考察时，村干部就请我来给寨子里的村民当"翻译"。当然，我们怎么也想不到是习近平总书记来看我们。后来，有电视台的记者来采访我，我很骄傲地和他们说，我不仅参加了，还是当时的一个"翻译官"呢。

十年前，我们这里六七十岁以上的老人基本一辈子都待在村里，生活收入主要就是靠种地，再养点猪、羊、牛，他们没有能力去外面，也不太想去外面。他们和外面接触最多的就是到排碧、麻栗场去赶场（赶集），到过最远的地方可能就是花垣县城和吉首市。他们基本上都是讲苗语，最多就会讲几句湘西本地话。湘西本地话稍微说得快一点，他们就听得迷迷糊糊了。外面的人也很少来我们这里，要是有个讲普通话的人来村里，大家都可以讨论半天，就是这里最大的新闻了。要是有一辆小轿车跑到村里，大家都会认为是哪家有钱的亲戚来了。大家最大的娱乐活动就是聚在一起唱唱苗歌、打打苗鼓，电视都看得少。所以，大家和普通话几乎是"零"接触，外面来的人和我们讲话，一般都需要有人当一下翻译。

现在肯定不一样了，大家和外面的交流非常多。从大环境来看，你看我们湘西这边的交通就方便多了，这是以前想都不敢想的。不像以前，去县城只能坐班车，一天还只有一趟。出州跨省只能坐绿皮火车，"哐当哐当"跑了半天，还没出省。现在，几乎家家户户有小车，一脚油门就到了县城。县县通了高速，吉首市里面又有了高铁，在我们花垣这边还有了飞机场，大家进进出出都非常方便。再看我们村，在全国都出名了，现在一天的人流量相当于前十年的人流量，每天都像赶集一样，本地人、外地人、外国人等，人来人往、红红火火。村民们也开了民宿、农家乐，卖起了土特产，在家门口做起了生意，村子的老人每天都可以接触到讲普通话的游客，他们和外面世界的交流越来越多，经常给游客讲十八洞村的故事，寨子里老百姓的思想也变得越来越与时俱进了。我们的生活比以前好很多了，家家户户都有液晶大电视，中央电视台、湖南电视台的节目，可以随便看啊。还有无线网络早就覆盖了全村，家家户户都能联网，好多老年人都会用智能手机。还有的老人喜欢拍视频、发抖音、刷快手，特别喜欢拍苗绣、苗鼓等。大家接触普通话的机会越来越多了，70岁以下的村民基本都会讲普通话，绝对能无障碍交流。70岁以上的老人，基本能听懂普通话，用湘西本地话交流绝对没有问题。

现在，村里不需要我们这些"翻译官"了。大家开玩笑讲，"翻译官"都可以下岗了。我们这些年轻的"翻译官"有的去做直播了，有的去当导游了，有的去做生意了，各自忙自己的事。我"下岗"以后，改行去当了"厨师"。因为旅游业发展起来了，扶贫工作队就给我们培训，我毫不犹豫地选择了厨师培训。因为我家地理位置好，可以做农家乐、民宿。现在，什么湘西腊肉、土鸡蛋、农家炒肉、丝瓜汤等都是我的拿手好菜。我家的生意好得不得了，经常忙不过来，一年的收入都有十几万。

虽然我已经不是"翻译官"了，但是那次座谈会的经历让我这辈子都难忘，因为这是我命运的转折点，是我人生中最大的财富。这十年来，我做了好几次梦，每次都梦见习近平总书记主持召开座谈会的场景，梦见习近平总书记和蔼可亲的笑容，我常常在梦中激动、兴奋地醒来。

施桂海

男，苗族，1954 年 4 月出生

十八洞村竹子寨村民，十八洞小学退休教师。

从"三语"教学到单语教学

口述：施桂海
整理：刘亮晶　韩志强

1977 年，我从吉首民族师范学校（今吉首大学师范学院）毕业后，一直在十八洞小学任教。2014 年 4 月退休后，一直在家。

我到现在仍然记得，那时候学校条件差，只有三间破烂的木房子，每到下雨天，外面下大雨，教室下小雨，我和孩子们戴斗笠上课。冬天，教室四面透风，冷得孩子们手脚、脸蛋、耳朵长满了又红又紫的冻疮。有一年冬季，雨雪冰冻天气持续了五六天，几间教室倾斜得厉害，时不时还吱呀作响，察觉到危房险情，我赶忙停课疏散学生回家。得知情况后，村里的几个干部赶来，我与他们一起到村民家里借来 5 根柱头，又到山上砍来 5 根柱子，花了一个多星期才把房子整修好。那时候，不但村里穷，孩子们上学也难。孩子们连书包都没有，只能提着塑料袋、饲料口袋装着仅有的书本上学。冬天，孩子们穿着布鞋，下雪了，走到教室鞋也湿透了，我就上山砍些木柴帮孩子们生火取暖。

1998 年以前，这里有三名老师在十八洞小学教书，除我之外其余两个老师都是双龙镇人。1998 年之后，因为这里条件太艰苦，只剩下我一个老师，因为我是本村人，我觉得自己必须坚持下来。我知道，老辈人没办法读书，不识字，连自己的姓名都不会写，辛辛苦苦一辈子，除了偶尔赶几趟场（麻栗场），连县城都没去过。但是，知识改变命运，对于孩子们，我不想再让他们和老辈人一样，没办法读书，不识字，于是我坚持了下来，没有离开。

十八洞小学只有一年级和二年级，两个年级加在一起也就 20 多个学生，但是给孩子们上课不是一件容易的事。孩子们的年龄有的大、有的小，当我给一年级的孩子上课时，就让二年级的孩子写作业；当我给二年级的孩子上课时，就让一年级的孩子写作业。对于十八洞小学的孩子来说，上体育课和美术课是一个大难题。因为没有体育老师和美术老师，只有我一个老师，而且我也没有学过体育和美术，加上学校没有什么体育器材设施和美术材料，这让孩子们上体育课和美术课很难。但是在如此艰难的条件下，每周我也会给他们上那么几节体育课和美术课。有时上体育课时，孩子们就在外面玩泥巴和石子；而上美术课的时候，孩子们就在地上拿着木棍乱画，各画各的。

在我几十年的教书生涯中，最深刻的记忆就是"三语"教学。什么是"三语"？就是普通话、湘西本地话和苗语。在给学生上课的时候，上面有规定，必须讲普通话。实事求是地讲，我的普通话不是很标准。我讲普通话，他们不太能听懂。我只好用湘西本地话给他们解释一遍，因为湘西本地话他们听得懂。可是，若要稍微延伸一下教学内容，比如要举例，就说中巴车，他们见都没见过，必须用苗语再给他们解释一遍。就这样，为了让孩子们能够听懂我讲的是什么，也为了他们能够很好地理解，我通常用三种语言来教学，让他们学习和掌握所学知识。最无奈的事就是，课堂上学了点普通话，课后，我们大家日常交流还是用苗语。遗憾的是，教了这么多年的书，所教的学生中没有人考上名牌大学。考上一般大学的，我就不清楚了，毕业了也没人和我说过。还有几个学生应该考上中专了吧，在外面教书。

现在，我已经退出教师岗位，有幸看到学校的办学条件越来越好，教学设备也越来越齐全。我和蒲老师（十八洞小学现任教师）聊天时，他讲现在老师用普通话教，学生们都听得懂，就是单语教学，也不用湘西本地话和苗语去解释。现在来我们村，你和小孩子交流，他们都能使用流利的普通话。

我这辈子在这里坚守教师岗位37年，终于在退休后看见这里的教育发生这么大的变化。希望我们村的教育越办越好，人才辈出。

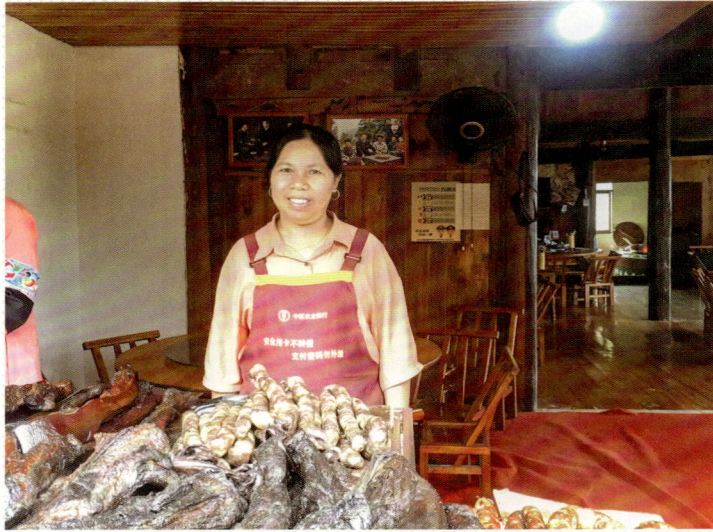

龙兴花

女，苗族，1970 年 9 月出生

十八洞村梨子寨村民，现为十八洞村龙姐农家乐经营者。

卖柴到买柴

口述：龙兴花

整理：谭秀华　欧阳静

　　我的娘家是麻栗场的，具体是哪一年嫁到十八洞村梨子寨来的，我也记不得了，反正好久了。嫁过来都是走路来的，嫁妆没有几件，都是靠背和挑来的。来到寨子里后，从没有出过远门。现在，主要在家经营我的"龙姐农家乐"。

　　说实话，我刚嫁过来那会儿，十八洞村是真穷，还没得（比不上）我们麻栗场好。现在这里的房子啊、路啊都修得好，公路宽敞，这都是后来（精准扶贫以后）才变化的。以前，就是个山嘎嘎（山沟沟），田也没有几亩，都还是雷公田（打雷下雨涨水了才能耕种的田），靠天老爷赏饭吃。我从来没有出去打过工，没有文化，到大城市也干不了什么。没人带我的话，我还怕找不到回来的路。嫁过来以后，我啥事都搞（干）。最开始就是干农活儿嘛，这都是我们的拿手好戏，我在娘家时干活儿就是一把好手。一年忙来忙去，就是种点水稻、苞谷之类的，还种过几年烤烟。虽然苦，手头上还是存不了钱。稍微有点钱，孩子要读书啊，有时候也要给他们买几件新衣服。我那时最担心的事就是害（生）病。一年手头就那么点钱，生一次病，过节吃肉都搞不好了。我也算运气好，从来就没生过什么病。为了增加点收入，最让我印象深刻的就是去卖柴。我们这里山高林密，树木也比较多，找点柴还是很容易的。天才麻麻亮（黎明）时，我们就早早地去山上砍柴。我手脚算是比较麻利（灵活）的，一个早上就能砍一捆柴。然后从山上把柴背回家里再吃个早饭。那个时候的柴，都是卖给乡里学校，学校有食堂嘛，需要用柴火。一般的乡里人，哪会舍得花钱买柴。没通车时，就靠自己背着一捆柴，90来斤，沿着小路走过去。一趟下来，中途平均要歇五六次，浑身都是汗水。一捆柴也就卖个10块钱。可别小看这10块钱，可以抵一个学生几天的生活费。当时靠卖柴，也帮我家解决了好多困难。

2013年11月3日，习近平总书记来了我们村。他当时就是从我家门前这儿路过的。开会（座谈会）的时候，我就坐在前边，照片上可以看得见我，坐在施金通旁边的那个就是我。能参加这样的座谈会，是我这辈子最光荣的事了。虽然快十年了，但我记得还是很清楚啊。总书记鼓励我们要脱贫，要在党的领导下，按照个人（自己）的情况想办法富起来。这些话，对我帮助好大。

后来，村里的游客慢慢多了。扶贫工作队和村干部也开始考虑在这里发展旅游。刚开始，我也不晓得自己适合搞什么。我看有人开了农家乐，我也想搞这个。老公有点怕怕的（很担心），他就反对，他讲就这么个寨子，能来多少游客，能不能开得起来？万一和别人抢生意也不好啊。我想，上面（政府）不是讲要按个人的实际情况搞嘛。我觉得我家这个位置很好啊，是游客们必须路过的地方。再说，我家的房子这么宽敞，前面还有个大院坝。十八洞村名气这么大，来的游客只会越来越多。做生意不就是和我以前卖柴一样，各卖各的柴，凭本事吃饭嘛。我当时就不信邪，别看我没出去过，我胆子还是挺大的。后来村里组织厨师培训的时候，我也去学习了，我就不相信搞不好。2015年，我把堂屋这边一打通，就把屋里改成了农家乐，起名"龙姐农家乐"，自己当起了老板。不光做农家乐，我还卖起了腊肉。后来，和我想的一样，村里的游客越来越多啊。我的农家乐收费也实惠。人多，可以按每个人30、40、50元的标准配菜，人少也可以自己点菜，客人可以根据自己的喜好来安排。我做的都是农家味道，很少放配料，客人都很认可。还有好多回头客，经常打电话和我预订。现在嘛，一般来讲，一年挣七八万是很平常的事情，好的时候一年可以搞到十来万。现在太忙了，没有时间去山上找柴了。平时烧火的这些柴，都是从别人那买的，70块钱100斤，别人从外面送到我家里。

▲　龙姐农家乐的苗家腊肉

　　我有时候和老公讲，想不到我们这些都没敢出去打工的人，还敢做生意。我也就是像总书记在会上讲的那样，按照个人的情况闯一闯。结果，从以前卖柴的变成了现在买柴的，总书记真是我家的大贵人啊！

石雨花

女，苗族，1981 年 3 月出生

十八洞村梨子寨村民，原建档立卡贫困户，现为十八洞村"胖子农家餐馆"经营者。

日子好了，生了二胎

口述：石雨花
整理：朱永炀　李安琪

　　我的娘家在花垣县猫儿乡豆子村，我是 1999 年嫁到十八洞村来的，家里有两个女儿，小女儿是 2022 年 9 月出生的。现在屋里主要是开农家餐馆接待游客，顺便搞（开）了 3 间民宿。

　　我记得当年嫁到这边（十八洞村）时，我阿贾他们是不太愿意的。因为以前我们豆子村条件也不好，都是穷窝窝里面的，大家都是穷日子过怕了，当然就巴不得（希望）我嫁好点嘛，天下哪有父母不希望自己儿女过得好的？这里（十八洞村）以前条件一点都不好。我都还记得，我嫁过来时，我老公家就包（租）了一辆双排座，就是那种前面有两排座位，后面有个拖厢装嫁妆的农用车。车子一路开过来，都是坑坑洼洼，绕过来绕过去的，差点把我搞晕车了，车屁股（车尾）后面就有好多灰尘。嫁妆从车上搬下来，亲戚们就赶快擦灰尘，怕别人讲是旧家具，丢面子。到了这里后，阿乃看到这里的条件有些担心，讲我年纪又不大，急急忙忙嫁到这里搞什么嘛，是不是有点苕（蠢）了，再过几年嫁人也不迟啊。我就觉得这是缘分的事，我是看上他的人，又不是看上他的家屋（家财），条件差关键还是要靠个人（自己）努力改变。当然，我们谁都不会想到今天的日子会过得这么好。

刚嫁过来时，家里的条件确实太差火了（很差），这个屋都是老房子，破破烂烂的，门前这个街沿（院子）都是岩头（石头），一点都不平，踩起来都是"咣咣"地响。我印象最深刻的就是上的茅室（厕所）都是露天的，就是那种屋后面挖个大坑，架（放）上块板子那种，四周连个遮挡的东西都没有。那时还是个一二十岁的姑娘家，感觉怪不好意思的。家里也没有什么收入，一年可以收到3000至4000斤的谷子和千把斤的苞谷，还有就是养几头猪，不忙的时候我老公就到附近打点零工。忙活了一年，全家也存不了几个钱。那时觉得餐餐有肉逮（吃）就是好日子。大女儿出生后，我们觉得这样待到屋里也不是办法，总要出去挣点钱。2008年，我和老公商量后，就外出打工了。我是去浙江进厂打工，做的是五金，如果加班，一天可以加35块，每天工作差不多11个小时，一个月工资拿到手有3000多元。其实，我也不想外出打工，在外面，特别想我女儿。但是更想把日子过好，外出打工也是没有办法的事。

我一辈子最难忘的，就是2013年11月3日，我亲眼见到了习近平总书记。讲起来也是凑巧（巧合），那年本来我在外面打工，屋里打电话讲公公（丈夫的父亲）身体不好，喊我回来照顾，11月3日那天我刚好也在家。记得那天我坐在堂屋门口，看见一大群人从我家前面路过。我当时想，难道哪个大官儿到我们这里来了。其实，我根本想不到习近平总书记会到我们这个苗族穷山沟沟里来。后来，我非常幸运参加了总书记的座谈会。照片上站在穿红衣服的人旁边的就是我，只有个侧面，没有正脸，但在视频上可以看得见我。讲起来也不好意思，在座谈会上，我太激动了，感觉自己心跳加速，"扑通扑通"地跳个不停，现在手机上都一直保存着那个座谈会的视频，不舍得删除。

2014 年，我又出去打工了。春节回来过年的时候，看见有好多游客到这里来，感觉机会来了。我就和我老公商量，2015 年就留在家里，到下面的坪场里摆个摊摊，做点小生意，这样既能赚点钱，又能照顾孩子。那时，我都还没想到开农家餐馆。我记得是 2017 年 9 月左右的一个中午，有个游客突然在我屋下面问我："有饭吃没？"我当时愣了一下，不晓得怎么回答。我们农村人都是粗茶淡饭的，对吃穿都不怎么讲究，也不晓得合不合客人的胃口。我还是盛起胆子（鼓起勇气）答应了，给他们做了一桌农家饭菜。哪晓得，客人讲味道很好，唯一不足的就是油有点放多了。客人给我钱，我没有收。经过这次客人的夸奖，加上村里的工作队又请大厨师给我们培训，我一下子就有了信心。于是，和老公商量，我们屋这个位置很好，是游客常路过的地方，不如做农家餐馆。我老公开玩笑讲，以前你净想餐餐有肉吃，现在你都吃胖了，就取名叫"胖子农家餐馆"吧。

当时开餐馆，也只想试一试，我们农村人最擅长的就是做农活儿，哪有能力开餐馆，还是有点不自信。但是，没想到游客很喜欢农家味道，我们的生意越来越火爆。平时，我和老公就能忙得过来。到了旺季，我们俩根本就忙不过来，就请亲戚朋友来帮忙，一个月能收入 3 万元左右。现在，加上我自己开的几间民宿收入，一年下来能有十来万元。

现在，我家的收入越来越高，日子越来越好，居住环境早已改观。家里有卫生间，有空调，有热水器，有电视、电脑，与城里人差不多了。以前条件不好，都没考虑过生二胎，怕养不起。后来，我就和老公商量，现在条件这么好，抓紧时间生个二胎，我都是 40 岁的人了，再不养，以后后悔都来不及了。去年（2022 年）9 月，二胎出生了，是个女儿。女儿刚开始学说话，我们就教她喊"习爷爷"。我们生活能变得这么好，是习爷爷对我们的关心，

▲　石雨花与小女儿施瑞涵

我们要永远记得这份恩情。

对以后的打算，我想继续做好我们的农家餐馆，把小女儿培养成才。我相信，在共产党的领导下，我们苗家人以后的日子肯定会越来越好、越来越富裕，欢迎游客们来胖子农家餐馆做客，来品尝我的手艺！

施肖丹

女，苗族，1993 年 12 月出生

十八洞村梨子寨村民，现为十八洞村悬崖酒店工作人员。

开启了新的人生轨迹

口述：施肖丹
整理：郭　维　代尚锐

命运有时就是这么神奇，2013 年，我刚好 20 岁，正好因为身体不舒服待在了家里，让我有机会参加了一场改变人生轨迹的座谈会。

20 岁，本来应该是读大学的年纪才对，但我当时已经进入社会工作好几年了。讲真的，原先在我们寨子里，连正儿八经读到高中毕业的都很少，我们屋三姐弟也是这样的情况，都没上过高中，读完初中就去打工了。我们屋过去条件也是很艰苦的，一开始屋里人都老老实实地在家种地，一家几口也只能勉强吃饱饭。所以，我阿爸为了多赚点钱，就到附近的工厂做工去了，后面阿妈也跟着阿爸一起去了，把我弟和二妹也带出去了。我是屋里的大姐嘛，就留到屋里帮我阿爷、阿婆做事了。初中毕业后，我就到吉首去做服装工作了，那个时候收入不高，一个月几百块的工资，勉强维持生活，也没结余的钱。

其实，按照以前的生活方式，如果不出意外，我的下一步生活可能就是去浙江、广州打工，然后嫁人，我的另一半应该和我一样在外地务工，他或许是外地人，或许是湘西本地人，这应该就是我的人生轨迹。然而，我非常荣幸地参加了习近平总书记考察十八洞村的那次座谈会。就是那次座谈会，改变了我的人生轨迹和命运。

2013年，我在吉首的一个服装厂打工。刚进入11月，我感觉身体不舒服，于是和老板请假回家里休息。11月3日下午，村干部通知我们去现在的精准坪广场开会，并嘱咐会有领导过来和我们座谈。我听到以后就去了，当时也不知道是谁会来，也就没怎么关心这个事情。直到那天下午4点多，伴随着阵阵掌声，我才在人群中看到了一张熟悉的面孔，"是习近平总书记"，我情不自禁地说了出来。那一刻，仿佛这个世界都不一样了，我的心情既激动又紧张，自己都感觉像活在梦里一般。在座谈会上，习近平总书记亲切、和蔼地与群众交流。我也很认真地听着习近平总书记讲的每一句话，直到座谈会结束我回到家，心脏都还"怦怦"地跳个不停。"我在村里见到习近平总书记了。"我首先把这个好消息与我的弟弟、妹妹分享了，他们很是羡慕。"早知道这样，我也回来了。"他们对我说道。

座谈会后，我知道我们村会发生大变化。至于怎么变，会变成什么样，其实我也不清楚。过完年，我身体好一点后，还是选择到浙江去打工了。而我弟弟在2017年就回来创业了，我也一直在向弟弟了解村里的情况。冥冥之中，我总感觉我应该回到村里来。弟弟告诉我，现在梨子寨发展得越来越好了，每天都有很多游客来这里参观、学习，回到家里也一定会有很多致富的机会。在弟弟的鼓励下，2018年我选择回到家里创业。一开始，我和弟媳一起在停车场摆摊卖米豆腐等土特产品，生意好的时候，一天最多能挣1000多块。在摆摊时，我认识了我老公，在相互了解后我们组建了家庭。摆摊后不久，村旅游公司招讲解员，经过村里统一培训后，我成了村里的一名旅游讲解员。2022年，我通过了应聘，到我们寨子里的悬崖酒店上班，

▲ 施肖丹在悬崖酒店上班

每月的收入稳定在 3500 元左右。在十八洞村，根本不用愁就业，到处都是机遇。我在悬崖酒店上班，工作和休息的时间都很规律，每天下班后，我就回到县城和家人团聚。

十年前的那次座谈会，改变了我的人生轨迹，改变了我全家每一个人的命运，也改变了我们村每一个人的命运！

石庆英

女，苗族，1970年1月出生

　　十八洞村梨子寨村民，原建档立卡贫困户，现为十八洞村梨子寨前坪做米豆腐生意的摊主。

我学会了普通话

口述：石庆英
整理：郭　维　刘亮晶

　　我有两女一儿，三个孩子。我现在主要是在停车场摆摊卖米豆腐，到今年将好（正好）十年了。

　　我记得十几年前，我们村家家户户都要下田种地，我们屋也是这样的。那个时候，我天天早早起来就下田种苞谷、栽秧，平常还要去喂羊，羊大了卖掉赚点钱，可是屋里一年到头也没有多少收入，勉强够吃而已，一屋老小日子都过得紧巴巴的。后来村里通路了，好多年轻人都选择出门打工。我们屋里商量了一下，也还是觉得出去打工划算，一年到头能赚点钱带回来。我年纪大了又没有文化，就留在家种地，老公和娃儿出去打工。那个时候，想到几个娃儿在外辛苦打工，也不清楚到底过得怎么样，能不能赚得到钱，好牵挂他们哦。以前在农村，大家基本上都是这样的，也习惯了。那时，大家都认为只要莫害（生）病，能吃得饱、穿得热火（温暖）就是最大的福气了，一辈子应该也就这么过了。能不能有什么变化，压根儿就没去想过。当然，内心还是希望几个娃儿有出息，最起码不要像我们这样苦啊。

2013 年 11 月 3 日那天，我真的是做梦都想不到，习近平总书记会来我们这个山嘎嘎（山沟沟）里。我看见总书记从大姐家往我屋这个方向走来，我紧张得不得了。他好亲切，和我握了手，问了我屋里的情况，我一五一十地回答了。现在回想起来，都激动得不得了。从那天之后，上级就派了工作队到我们这里驻村扶贫。我虽然没有文化，也不晓得到底要怎么搞，但我晓得村里肯定要越来越好了。

2014 年过完年以后，陆陆续续有游客来我们寨子里。村里的建设越来越好，路面修宽了，游客也就越来越多了。游客来了，我们能做什么根本就不晓得，都是一辈子住在山沟沟里的人，没见过世面啊，哪能发现什么机会。工作队和村里的干部开始鼓励我们做生意，可以卖农产品啊，可以搞农家乐啊。为了补贴家用，我和屋里人一合计，抱着试一试的想法，就打算在坪场那里摆个摊子，卖我拿手的米豆腐、凉面、凉皮什么的。刚开始做生意，感觉最不好意思的一件事就是讲普通话。小时候家里穷，学堂都没跨进去过，大字都不认识几个，哪晓得什么普通话。平时在村里，大家讲的都是苗话，讲苗话讲了一辈子，都习惯了。就是出了村里去县城或者去吉首，讲的还是我们湘西本地话。外地游客来的时候，我讲的话，他们一般都听不懂，我就只能用手比画一下。米豆腐 5 块钱一碗，就把一个巴掌伸出来，游客自然就懂了。后面，外地游客越来越多，靠手比画也不是办法。我就跟着电视和手机学普通话。一开始讲普通话，怪别扭的，心里怕怕的。我记得，有个游客问两瓶水多少钱，我们湘西这边人嘛，把"六"都读成了"陆（lù）"。"lù 块"，客人听了半天，愣是没听懂。但是我不服气嘛，有游客来问米豆腐怎么卖的时候，我也不怕，就先用湘西本地话和他们讲，再讲普通话。就这样，来了游客，我就有胆量和他们讲普通话了。就这样一天天练习，我一句句地问，一句句地学，慢慢地，我感觉自己的普通话讲得也很溜啊。现在，来我这里的外地游客都说我的普通话起码可以及格了。

　　普通话讲好了，生意也就越来越好了。现在，就这个地摊，生意好的时候一个月可以赚五六千元，一年到头也能赚个五六万。我的三个儿女都在寨子里上班，两个女子（女儿）一个当导游，一个在寨子的酒店里做管理，小儿子就负责屋里头的装修。我继续在前坪这里摆摊，卖我的米豆腐。我一般早上十点来摆摊，下午五六点就收摊，和我在这里一起摆摊的乡亲们都是差不多的时间。现在，大家屋里都有稳定的收入了，没来客的时候，我们几个摆摊的老婆婆就坐在一起讲讲话、扯扯谈，日子过得很舒服。这个好日子，是我们以前想都不敢想的。在共产党的领导下，我们寨子里老百姓的日子肯定会越来越好、越来越富裕！

麻小春

女，苗族，1982 年 6 月出生

十八洞村梨子寨村民，原建档立卡贫困户，现在主要在家门口摆摊做点小生意。

银行开到了我家里

口述：麻小春
整理：李安琪　欧阳静

　　我家里有5口人，3个孩子。现在在家门口摆摊做点小生意，房子租给了花垣县农业银行。

　　我是2005年嫁到这里（十八洞村）来的。我嫁来时，村里没有现在这么红火。我记得当时这里只有一条沙子路通向外面，路面很窄，两个车碰见了要让半天，不过当时一天也没几辆车进来。我老公有两个兄弟，我过来时还没分家，全家都挤在三间房子里。家里来个客人，都没地方住，就是打地铺应付一下。眼看这样住着也不是办法，2006年，我和老公就准备分家盖房子。

　　那时候盖房子也不像现在这么简单，要提前几年准备。要自己提前平整屋场、准备木料，还要准备存钱请木匠。所以，那时为了有一栋属于自己的木房，我和老公省吃俭用存钱。农活儿不忙时，他就要出去打工挣钱。家里就这么点地，挣不了多少钱。所以，我就承担了家里的大部分农活儿。其实，我们都是农村长大的，小时候都做过农活儿，没有什么苦不苦的，一般的苦都能吃。我记忆中最苦的事，就是打谷子和背谷子。现在的十八洞村山泉水厂对面，有一块田是我家的。那时还没有公路通过去，只能沿着山路走下去，这个坡是很陡的。看上去不远，但是走起来就要几十分钟。在那边种了水稻，当9月份收割的时候，就要背一个刷桶（收割水稻的工具）过去收水稻。我老公就负责收割和刷水稻，因为这很费力气。在那边打了稻穗后，我要把谷子背回来。现在想起来都怕，那么热的天气，背个100多斤的谷子，一步一步地往家里走。上坡的时候，特别费力气，手上的青筋一条一条都看得见，汗水哗啦哗啦地流个不停，一趟下来，衣服全湿了。背一回，中间必须歇四次，在哪个地点歇气都固定好了，因为固定的地点比较平稳，才好放背篓。有时一不小心背重了，就得咬牙硬着头皮撑到歇气的地方。就这样忙活一年也存不了几个钱。就是这样一边省吃俭用，一边打工和种地，存够钱了，终于把房子盖好了。有了孩子后，家里的负担就更重了。因为在家也挣不了几个钱，2008年我和老公商量，决定一起出去打工。

2013年11月3日，我们全村人都记得这个日子。当时，我家老二（第二个孩子）只有一岁多，我就在家带孩子。我坐在院坝里，看见几辆车停在了我家门前的停车场上。一群人沿着小路往村寨里面走去了，后面开会（座谈会）的时候，我才知道原来是习近平总书记来村里了。我是没见过什么世面的人，又没有文化，哪见过这么大的场面，真的是很激动。我做梦都想不到，总书记会来我们这个穷地方。那天，我觉得自己好幸运。当然了，也就是从这一天开始，我们村一天一变样。

2014年，村里还没有这么多的产业，我接着又去打工了。2016年春节回来的时候，看见别人摆起了地摊，生意还很火爆。我当时也想留下来摆地摊和她们学做生意，还可以照看孩子们。我老公非常赞成我的这个想法。但一年下来，到底能赚多少钱，会不会比打工划算，能不能养家，我当时也没有把握。还在犹豫时，有人来找我，想把我的房子租下来，因为我的房子就在停车场的后面，地理位置还算可以，一年租金 3 万元，并且房子我自己可以住，他们只用堂屋和旁边的。我当时都有些糊涂了。没想到我家还能成为银行网点。到我家开银行，在方便大家办理银行业务的同时，我还能得到一笔租金。我更没想到，农村的房子还能租出去，租金比我们打工的台州还贵。在我们打工的地方，一间房一个月的房租只要三四百元，三间也只要一千元左右啊。我当时打工才回来，也不了解这个行情，就和寨子的人问了一下。他们告诉我，现在这里早都是这个价格了，那几个旅游的必经之地，有的房租一年都五六万元了。听他们这么一讲，我就定下心来留在村里做点小生意。一年下来，房子租金 3 万元，摆地摊一年可以赚个三四万元，我一个人一年都可以挣六七万元了，这是我以前万万想不到的。加上我老公的收入，一年的收入都在 6 位数了。

以前那块田，我也还继续种着。现在种地再也不用像以前那么苦了，公路直接通到水田旁边，收割机可以直接开进田里。收好的谷子打包好，直接搬到车厢，一车就拖进家门口，再也不用像以前那样歇四次气了。

杨秀富

男，苗族，1953 年 11 月出生

十八洞村梨子寨村民，原建档立卡贫困户，现为十八洞村爱在拉萨饭庄经营者。

我要把扶贫手册作为传家宝

口述：杨秀富
整理：李安琪　郭　维

　　我有三个女儿和一个儿子，我的儿子从华东师范大学毕业后去援藏了。我现在 70 来岁了，主要在家经营一间小卖部，还开了餐馆和民宿，接待游客吃饭、住宿。因为我儿子在西藏拉萨工作，扶贫工作队的干部帮我的餐馆和民宿取了个很有特色的名字，叫"爱在拉萨"。

　　回想以前的日子，真的是苦，一年到头忙个半死都只能填饱肚皮，小儿子英华在县城读高三的时候，每个月的生活费都是一件老火（很困难）的事。为了孩子们能吃饱饭，天刚麻麻亮，我和老伴儿就得下田去了。一年的稻谷也就有个 3000 到 4000 来斤，苞谷有个千把斤，也就够吃（饱）。孩子们还要读书，一年总要添件新衣服吧，就靠养几头猪和几头牛来补贴一下。每天早早地出去，干完农活儿了就附带找点猪草！等找完猪草，都 10 点多钟了，经常是分不清早饭还是中饭，反正饿得不行了就回来吃饭。这么辛苦，一年到头还是没有钱能存下来！看见别人打工，我们年纪大了也不合适，再说孩子也没有人带啊。后头（后来）村里通公路了，我屋就开始做代销（小卖部）生意。但是，公路还是没有通到家门口啊，我做买卖来回还得靠挑（背），这样多少还能赚点油盐钱。太苦了，加上年纪越来越大，身体也开始出毛病。生病了，不是疼老火（十分难受）了就个人扛着。2011年，实在疼得扎实（厉害），就去医院检查。医生讲我得了严重的腰椎间盘突出和骨质疏松，不能再干重活儿了。

那时候，做梦都想有一天能富起来，但是忙死忙活的还是这个穷样子，身体也搞垮了。

2013年11月3日，习近平总书记来到我们这个穷山沟沟。我的运气非常好啊，参加了座谈会。我还记得当时开座谈会的时候，我是坐在一位老婆婆的旁边，离总书记很近。虽然我没有什么文化，但我还是记得很清楚，总书记讲了精准扶贫。我们是穷怕了，所以讲到扶贫，眼睛都冒光。那时候，我就是一个农村的半文盲，哪里知道精准扶贫应该怎么搞。但是，我晓得，扶贫肯定和以前不一样了。

后来，具体的时间我也记不住了，县里派了工作队。工作队常常问我们家里的情况，有几个可以做工（劳力）的，身体好不好啊，特别是鼓励我儿子要攒劲（努力）读书，读书才有搞头（前途）。当时，像我家里这个情况，我和老伴儿都60多岁了，我身体又不好，女儿嫁出去了，儿子还在读书，到底该怎么搞，怎么才能脱贫，我能想到什么好办法呀！2013年，小儿子英华考上了华东师范大学，是村里第一个大学生，我好骄傲。看到家里的情况，我儿子很懂事啊，选择了不要钱（免交学费）的师范生。

2015年，村里游客越来越多了，一开始我和老伴儿都没上心，继续下田、种地、喂猪喂羊。扶贫工作队的干部就问我，敢不敢开农家乐？我讲，这怎么搞得好嘛，我自己从来都没吃过馆子，城里人吃饭那么讲究，我哪里搞得好？后来，扶贫干部又找到我讲："老杨，城里人就爱吃我们农村的味道。你试一试不就知道了吗。"

后来，扶贫干部每次来的时候，都会非常耐心地分析我家的情况：什么位置好，开农家乐比干农活儿划算，太忙的时候也可以叫女儿来帮忙啊，等等。慢慢地，我也心动了。最开始，有人站到我屋门前问：能不能进屋吃个饭，随便搞几个菜都可以。一开始，我们都是打开屋里大门请人家进来吃饭的，没有收钱。但是，他们还是给了我钱，说我的手艺可以啊。后来，游客越来越多了，村里还组织厨师给我们培训。这时，村里的工作队又鼓励我们试一试。到底能不能搞，我想了一夜都没睡着。最后，在工作队还有我儿子的鼓励下，我决定试一试。哪知道，生意非常好。生意最好的月份，一个月都有两三万元。尝到了甜头后，2016 年我就又搞了几间民宿。去年，还卖了一千多斤腊肉。

▲　杨秀富家的爱在拉萨农家乐

现在的日子那是过得好哦，屋里也开始大变样了，用上了高清的彩色电视，我和老伴得空（休闲）的时候也可以看电视来打发日子了，不像原先（以前）做完工倒头困觉（睡觉）了。去年老伴儿走了，我是又伤心又发愁，这么大个屋，我一个人怕是搞不好哩！大女儿珍寿心痛（担心）我一个人到屋里，都是她开摩托车回来帮我做事。

以前，听打工的人回来讲外面的大城市时，我就想出去看看，特别是做梦都想去北京。2013年儿子去上大学的时候，我和三女婿就一起陪着他去了上海，我当时还以为这是我唯一一次能出来的机会。可没想到，后面的日子会过得这么好，能到好多地方去看看。2021年，我去了北海。今年（2023年）4月还跟着旅游团去了北京，实现了我的一个梦，我觉得这一辈子值了。

▲ 杨秀富家泛黄的《扶贫手册》

我也是一个懂感恩、懂道理的人，我知道这是共产党领导得好，有精准扶贫政策，我们寨子才能一年一个样儿。我也感谢那些帮助我的扶贫干部，是他们鼓励我，帮我出主意，还给我们培训，我才敢开农家乐，我屋才有今天的好日子！尽管我现在脱贫了、奔小康了，但是我不能忘记党的恩情，不能忘记帮助我的扶贫干部，不能忘记扶贫干部帮助我脱贫的日子，所以我一直保存着我屋里的《扶贫手册》。虽然这本《扶贫手册》有点儿旧了，但我要一直保存着，还要作为传家宝留给我的后代，一代代传下去呢。

第 二 章

春风化雨

办好农村的事，要靠好的带头人。十八洞村充分发挥党支部的战斗堡垒作用和党员的先锋模范作用，示范引领苗家山村脱贫致富。全村党员从2013年的24名发展到2023年的34名，其中35岁以下年轻党员7名，大学专科以上学历党员14名。在脱贫攻坚和乡村振兴一线中处处可见党员干部忙碌的身影，处处可见党员干部的模范作用，在他们的带领下，一群青年学子努力拼搏、奋发求学，纷纷考上大学。

龙秀林

男，苗族，1970 年 3 月出生
中共党员

2014 年 1 月至 2016 年 6 月任十八洞村扶贫工作队队长。曾任花垣县排吾乡党委书记、县委宣传部常务副部长、县政协副主席等职，曾获"湖南百名最美扶贫人物"称号，全国脱贫攻坚创新奖获得者。

人民力量大如天

口述：龙秀林

整理：代尚锐　田元伟

在湖南有一个村落，它通过运用"把农村建设得更像农村"的理念，成为中国乡村旅游、红色旅游最火爆的景点之一；在中国有一个贫困村，它通过统一思想，凝聚人心，扶志启智，激发内生动力，让老百姓参与精准扶贫而成为中国精准扶贫教育实践的一个重要基地。

通过三年的努力，发展猕猴桃、乡村旅游、山泉水、苗绣等产业，人均纯收入从2013年的1668元增加到2016年的8313元，贫困户脱了贫，单身汉脱了单，贫困村摘了帽。同年，获得全国先进基层党组织、全国文明村镇等殊荣。

这就是我的十八洞村。

为什么短短的三年，十八洞村发生了这样深刻的变化？今天，我从运用思想建设、激发内生动力角度来回答这个问题。

2013年11月3日，带着对苗乡人民的深情牵挂，习近平总书记来到十八洞村考察调研，首次提出了"实事求是、因地制宜、分类指导、精准扶贫"

的16字方针，同时还提出了十八洞模式要在全国"可复制、可推广"6字原则；不能堆积资金，不栽盆景，不搭风景而提出了"不搞特殊化，但是不能没有变化"13字要求。怎样把精准扶贫的可复制、可推广模式，在十八洞村实践？2014年1月23日，我被县委任命为十八洞村扶贫工作队队长，带上5名工作队员进驻十八洞村。从此，我的命运与十八洞村紧紧相连。

永远不能忘记，我第一次与十八洞村组干部、党员、村民代表见面的场景。当介绍我是县委宣传部的副部长任十八洞村扶贫工作队队长时，我当时多么期待老百姓的掌声出现，谁知道盼来的是村民们的窃窃私语，他们用苗语说："看来县委、县政府对十八洞的建设没有重视，这个队长最起码要从财政、发改、扶贫部门派来才对，宣传部要钱没有，要项目更没有，顶多只带了一张嘴！"

见面会上的尴尬深深地触动了我，看来十八洞村的精准扶贫探索任重道远！

工作队刚一进村，按照国务院扶贫办（现国家乡村振兴局）的要求，要尽快进行贫困调查和精准识别贫困户。

那段时间我得了一种怪病叫"怕光病"。多么希望只有黑夜，没有白天，因为天一亮我就要面对"两拨人"。一拨是领导，各级领导对十八洞的工作高度重视，每天都有领导来村指导，又要问起扩宽道路和农网改造的进展，一次两次都好说，问多了，我再也没有骗领导的借口，所以，领导一来我就紧张，形成了条件反射。另一拨是老百姓，他们都和我说："没有钱，修什么路？等你们什么时候找到钱了，再来和我谈。没有钱，千万别找我，找也不会见你们的。我活了半辈子，从来没有见过像你们这样的，没有钱还敢修路。"

我的头发就是在那个时候白的。细心的罗明书记读懂了我，特意找我聊天。

"你们在十八洞不是做普通的工作，是在探索精准扶贫可复制、可推广的模式在十八洞的实践，是在干大事业，如果你的认识能到这样的高度，我相信你自己会有办法解决困难的！"

罗明书记的一席话，让我如梦初醒。我这个宣传部副部长的特长就是利用文化来统一思想，凝聚人心。而现在的十八洞村正好是我的用武之地。我要开展全方位的思想建设来统一十八洞老百姓的思想，只有思想统一，才能做到步调一致！

十八洞村的主力军就是留守妇女，为了让男人安心打工，她们留在家里，对上照顾老人，对下照顾小孩，我们成立了苗绣专业合作社，让留守妇女在传承民族文化的同时，找到了一个就业平台，实现了在家门口创业的梦想，从而赢得了留守妇女的大力支持。

有了好的想法和理念，靠谁来执行，当然是靠党员和干部。我借助村支部、村委会换届机会，推荐优秀的大学生村官龚海华担任支部书记，有威信、有思想的施进兰、龙书伍、隆英足、隆成合等也被村民选为村主任和村委委员，同时选出了6名优秀的村民小组长，充分发挥基层党组织的战斗堡垒作用。

在十八洞村有一个很帅气的青年，他叫杨峰，每次路上见到我，总把摩托车的油门开得老响，一次我不在意，第二次我也不注意，第三次我就认真思考，难道杨峰只是想在我面前显摆骑车技术吗？显然不是，原来他是想引起我的注意，告诉我在十八洞还有一支年轻力量的存在。于是我们成立了"十八洞村青年民兵突击队"，村里急难险重的工作就交给突击队，由于杨峰的突出表现，他被推荐担任队长，龙先兰担任副队长，村支部副支书施进兰担任"青年民兵突击队"的指导员，从此，这支年轻的力量牢牢掌握在党的

▲　龙秀林给游客讲解十八洞村的发展历程

手里。

我们还探索了思想道德建设星级化管理的模式，让村民实现自我监督和自我管理。以组为单位，每年进行一次评比，凡16岁以上的村民，都有权相互打分，从支持公益、遵纪守法、个人品德、家庭美德、社会公德、职业道德6块进行量化。个人平均分90以上为五星级个人，家庭成员平均分在90以上的为五星级家庭。实行全程公开，张榜公示。6组老党员、退休老教师杨冬仕老人说："共产党员开展群众路线教育实践活动，红红脸，出出汗。思想道德建设星级化管理这一招让老百姓也出汗了，谁也不想排在最后啊！"

就在2014年5月15日，十八洞村新的支部、村委班子产生了，我们又反过头来推动基础设施建设，所到之处，老百姓都无条件地给予支持并积极参与。

▲ 十八洞村群众互相打分，确定思想道德星级

从怀疑、观望、不支持、反对到不惜牺牲自己的利益，积极支持和参与村里公益事业建设，这就是我们思想建设的伟大成果。

回想十八洞村的扶贫工作，感受很深，我们通过三年的努力，回答了一个问题，提升了一种精神。什么是精准扶贫？十八洞村的答案是：内力和外力共同作用的扶贫叫精准扶贫。十八洞的精神就是"投入有限、民力无穷、自力更生、建设家园"！

通过精准扶贫，进一步密切党群干群关系；通过精准扶贫，在全村实现思想的大统一；通过精准扶贫，党和人民的心贴得更紧。我们把精准扶贫当作一场战役，通过全方位的思想统一，升级成为一场人民战争，有了人民的参与，我们将所向无敌！

孙中元

男，汉族，1983 年 8 月出生
中共党员

2018 年 8 月至 2021 年 5 月任十八洞村第一书记，现任花垣县委常委、县委组织部部长、麻栗场镇党委书记。

精准扶贫的故事必定会被历史铭记

口述：孙中元

整理：李安琪　代尚锐

来十八洞村工作前，我担任湘西州委组织部党管科科长。2018年8月2日，省委组织部有关同志将我和申辰、刘苏两位博士送到十八洞村任职，我成为脱贫攻坚时期十八洞村最后一任第一书记。为此，我有幸参与、见证了十八洞村全村脱贫后的发展历程，感受到精准扶贫的实践伟力，体会到基层群众战天斗地的进取精神。我也由十八洞这本"书"的读书人，变为写书人，离任后成为藏书人。

刚到十八洞村工作时，村里已经有了翻天覆地的变化。时值省委组织37个厅局在村里开展"百日攻坚"行动，帮助十八洞村再提质，并为庆祝精准扶贫重要理念提出五周年，计划在湘西自治州召开的重要会议做准备。那段时间，各项工作千头万绪，帮扶单位和干部群众不辞辛劳，十八洞村的基础设施、基层治理、基本制度都有了很大的提升，为今天十八洞村的巨变打下了坚实基础。2018年10月28日，省委深入学习贯彻习近平总书记精准扶贫工作重要理念大会在吉首市召开。会前，28 位省级领导、14 位市州和全省所有贫困县党政负责同志实地考察了十八洞村，全方位了解了推动产业扶贫、改善公共服务、加强基础设施建设等方面的情况和进展，听村民讲述这些年精准扶贫给村里带来的翻天覆地的变化。时任国务院扶贫办党组书记、主任刘永富在会上指出，十八洞村脱贫攻坚打了一个漂亮仗，向习近平总书记、向党和人民交出了合格答卷。十八洞村的脱贫事迹，是精准扶贫、精准脱贫在湖南的成功案例和生动实践，在全国可复制、可推广。这次会议、这些重要肯定，一次次激励着十八洞村干部群众朝着更高更好的目标迈进。

旅游是十八洞村发展最大的门路和途径之一。我们带领群众反复学习习近平总书记关于十八洞村精准扶贫"不能搞特殊化，但不能没有变化""不栽盆景，不搭风景""不仅要自身实现脱贫，还要探索可复制、可推广的脱贫经验"等重要指示，寻找破局之策。村民对发展旅游产业愿望强，也有一定的基础，可就是没有公司化管理，有的环节还处于比较粗放的阶段，游客满意度不高，少数群众还有顾虑。为此，我们反复做群众思想工作，讲清楚"输血"与"造血"的关系，讲清楚游客数量和旅游品质的关系，引导大家形成有序参与旅游产业、规范开展经营活动的共识。2019 年 5 月 1 日，十八洞村旅游公司正式运营，启用停车场、运转摆渡车、规范讲解词、打造新业态、建立利益联结等举措，确保当年全村共接待游客 60 多万人次，实现旅游收入 1000 余万元，带动村民从事讲解员、宿管员、安保员、民宿业主、农家乐老板、直播网红等一批祖祖辈辈没有听过、没有干过的职业，乡村旅游正成为十八洞村最大的富民产业。真是一业兴、百业旺。应当说，这些工作为十八洞村、矮寨等景区入选"建党百年红色旅游百条精品线路"、晋升为 AAAAA 级旅游景区开了好头、奠定了基础。

支部引领脱贫攻坚是十八洞村的重要做法。十八洞村的深刻变化，得益于党支部的坚强领导。十八洞村的感人故事，来自党员的示范带动。长期以来，十八洞村党支部深入开展支部规范化、标准化建设，创新探索了集体经济分配新模式，基层组织的组织力得到切实提升。特别是十八洞村脱贫出列后，在迈向乡村振兴的道路上，又探索出了"互助五兴"基层治理模式，全村组建1名党员联系5户群众的互助小组41个，围绕产业振兴、人才振兴、文化振兴、生态振兴、组织振兴，开展户帮户、亲帮亲、邻帮邻活动，积极破解"点"与"面"的问题，推动户与户、寨与寨之间平衡发展。

村民是十八洞村精准扶贫的主体。十八洞村按照习近平总书记的指引，高举思想之旗，用好精准之方，众志成城与贫困作斗争，摆脱了千百年来的绝对贫困。村里坚持群众参与识贫校贫，通过"七步法"、"九不评"、"三榜三审"和动态调整等群众认可的方法，识别结果人人知晓、户户满意；村里坚持激发群众内生动力，通过典型引路和正向激励，带领群众兴产业、置家业、增就业，村里不落一个穷人、不养一个懒汉，村民常态化义务投工建设家园；村里坚持大力发展脱贫产业，注重实事求是和因地制宜，村里和群众适合干什么，我们就发展什么，特色种植、苗绣、乡村旅游等产业蓬勃发展；村里坚持改善基础设施，坚决不搞大拆大建，全村225栋房屋全部进行风貌改造和"厕所革命"，建设美丽乡村与留住乡愁记忆得到完美结合；我们坚持加强基层组织建设，统筹攻坚力量，充分发挥党支部的战斗堡垒作用和党员的先锋模范作用。这些实践中总结出来的故事，既具有本土特色又超越地域概念。全村老百姓无不感谢习近平总书记、感谢共产党。这段催人奋进的历史彻底改变了这个古老苗寨，开启了新的征程。

进入脱贫攻坚冲刺期，十八洞村面临着新的任务和要求。如何讲好十八洞故事、如何展示中国之治经验的重要性，进一步凸显。工作队和村"两委"认真梳理好经验、好做法，总结提炼，精心打造了"1+4+N"的综合性党性教育课程体系，在来村参观指导的团队中进行宣讲和推介。大量的精品课程在省级党校比武中取得非常好的名次。脱贫攻坚后期，我们联合县委党校先后接待103个培训班次，培训学员1.2万人。

十八洞村的价值是历史性的，更是时代性的；是湘西的、湖南的，也是全国的；是中国的，还是世界的。2020年10月28日，第六届"中国—东盟共建21世纪海上丝绸之路"中外联合参访团走进十八洞村，考察减贫合作领域新机遇，倾听十八洞村扶贫故事，感受精准扶贫给百姓带来的巨大变化。越南驻华使馆参赞陈清海（Tran Thanh Hai）在参观留言中说："十八洞村令我印象深刻，可以说这是中国脱贫政策的一个楷模、一个典范。"同年11月，十八洞村迎来了驻华使节武陵山区脱贫攻坚考察团来村参观访问。外宾们详细了解了全村产业发展、美丽乡村建设、基层治理等方面的好经验、好做法，对十八洞村的脱贫攻坚成效称赞不已，认为十八洞村取得的显著成绩，不仅是中国共产党和湘西州政府致力于让人民的生活更加美好的生动缩影，还为各国尤其是发展中国家消除贫困增强了信心、提供了宝贵经验。塞拉利昂驻华大使多玛那·尔纳斯特·巴姆接受采访时说："（十八洞村）村民脸上洋溢的幸福笑容，就足以证明中国脱贫攻坚取得了巨大成就。学习中国的脱贫经验对非洲国家非常有益。现在非洲还有很多贫困的人民，我要回去告诉他们，中国因为拥有正确的领导力实现了脱贫，相信我们也可以摆脱贫困。"后续，越来越多的外事活动在十八洞村开展，村里的干部和群众通过线上方式，参与国际减贫会议，生动地讲述着中国的脱贫样本故事。当前，十八洞村已经成为铭刻新时代光辉印记的红色地标。十八洞村精准扶贫、精准脱贫的故事，成了最鲜活的"红色"样本、中国样本。世界上越来越多的人身临其境，在这旧貌换新颜的村寨里，触摸精准扶贫红色印记，感受脱贫攻坚带来的历史巨变。

了解才能更理解，融入才能更融合。简要回顾十八洞村的工作重要节点，我又一次看到了全村939个村民，在党支部的领导下，面对困难不低头，面对贫穷不认命，因地制宜发展生产，齐心协力改变千年贫困面貌的奋斗历程；也看到了3轮17名扶贫干部冲锋战斗在扶贫一线，宣传政策、鼓舞干劲、谋划思路、推动落实、协调解决问题，用无私奉献的"辛苦指数"换来了贫困群众的"幸福指数"的精准扶贫故事，这些故事应该世代流传。

　　2021年2月25日，在全国脱贫攻坚总结表彰大会上，十八洞村荣获"全国脱贫攻坚楷模"称号。十八洞村已与新时代同步、在新起点上前行，饮水思源感党恩、艰苦奋斗兴家业的种子在群众心中扎了根、开了花、结了果，十八洞村的明天一定会更加灿烂。

　　2021年5月22日，我结束了十八洞村的驻村工作。

田　晓

男，土家族，1987 年 2 月出生
中共党员

　　2021 年 5 月至今任十八洞村党支部第一书记、十八洞村乡村振兴工作队队长。2022 年 4 月，兼任湘西国家农业科技园区党工委副书记、管委会主任。

在乡村振兴征程中续写新荣光

口述：田　晓

整理：李安琪　郭　维

　　我在十八洞村任职期间的主要任务是巩固脱贫攻坚成果同乡村振兴有效衔接，续写十八洞村新荣光。

　　来十八洞村之前，我在湘西州政府办担任秘书二科科长。2021年5月，我在州委党校中青班学习，党校老师带我们在福建学习考察。在福建我接到州委组织部电话，通知我以最快的时间赶到部里谈话，组织拟安排我到十八洞村担任第一书记、乡村振兴工作队队长。那一刻，我突然感觉肩上的担子重了起来，心情也十分忐忑。十八洞村是"精准扶贫"首倡地，在决战决胜脱贫攻坚中创造了"十八洞经验""十八洞模式"，成为新时代的红色地标。在乡村振兴阶段，十八洞村的"接力棒"交到了我手上，续写好首倡地的新荣光既是最高的政治荣誉，又是最大的政治责任。我记得在飞机场候机时，我一直在想如何让十八洞村在乡村振兴中跑好新征程。我离开乡镇七八年了，能不能把工作做好？满脑子都在思考这些问题。同时，我也面临一定的家庭压力：我有一对双胞胎孩子，才刚满2岁，正是需要我帮忙的时候，此时去十八洞村，家人会不会有意见？

从福建回到了湘西，我和家里人讲了这个事情，他们非常支持。接着，我又赶到州委组织部报到，钟立文副部长找我谈话，讲述了选派我去十八洞村工作的原因，勉励我在基层建功立业，不辜负组织期望。谈完话的第二天，时任州政府副秘书长庞大森就把我送到了十八洞村。

来十八洞村的第一个月，我没有回家一天，也没有休息一天，因为我明白肩上的责任有多重。十八洞村对我来讲，既是十分熟悉又是十分陌生。对这里熟悉，是因为我在州政府办工作时，主要对接农林水、扶贫开发，经常来十八洞村，这 4 个寨子间的小道我都了如指掌，这里的每次变化都历历在目。对这里陌生，是因为平时与这里村"两委"班子、党员群众接触不多，产业发展程度了解不多。所以刚来的一个月，白天走访、晚上学习。学习了《习近平关于"三农"工作论述摘编》和十八洞村以前的资料，走访了村干部和村民，与水厂、旅游公司等企业的代表交流。经过一个月的走访和学习，基本上掌握了村里的情况和群众的想法，明确了工作思路。两年来，我和全体队员、村"两委"干部聚焦乡村振兴的战略部署，引领十八洞村的发展再上了新台阶。

村"两委"班子越来越强。火车跑得快，全靠车头带。十八洞村的持续发展，必须有坚强有力的"两委"班子。2021 年，新的村支"两委"班子吸纳了许多年轻人、大学生，学历在大专以上的占 80% 以上，平均年龄 39 岁，较以前下降 12 岁，我们的队伍充满了活力和战斗力。我也经常和工作队员、党员干部讲，创业不易，守业更不易，只有我们带头做模范，群众才会跟着我们走，党支部才有凝聚力。一年 365 天，每天至少 2 名干部值班，春节也不例外，群众和游客可以随时来村部反映问题。记得有一次，我看见 70 多岁的大姐石拔三，每天都坚持和游客合影、互动。我怕她身体吃不消，就和大姐讲，你要注意身体，有时下午游客少了，就可以休息一下。大姐用不太标准的客话和我讲："田书记，我身体好得很咧，能够坚持的，你们还不是一天到晚在十八洞村忙来忙去，过年过节也没回去。游客来这里没看见我，怕他们失望，对不起他们，也对不起你们哦！"大姐讲这些话时，我很感动，为大姐的精神感动，也为战友们的敬业而感动。

文旅产业越做越大。我们持续打造"旅游＋"产业体系，感恩坪、精准坪广场、游客服务中心、"地球仓"等项目先后投入使用，十八洞景区正式晋升为 AAAAA 级旅游景区。在十八洞村打通了"三个要道"，4 个自然寨打造各具特色的旅游项目，推动 4 个自然寨均衡发展。"三个要道"是指张刀大道、当戎连接国道、当戎连接十八洞村山泉水厂，这样在十八洞景区就

▲　田晓和新疆客人

形成了旅游闭循环。为了让全体村民享受旅游红利，4个自然寨打造了各自项目，比如在梨子寨打造红色地标，在当戎寨建设田园综合体，在飞虫寨布置了苗族文化广场，在竹子寨开展苗族扎染等体验活动，这样游客到每个寨子都有不同的旅游项目。据官方统计，2023年1月至5月，到十八洞村研学的达1.7万人次，游客13.8万人次，实现旅游收入300余万元。

年轻人才越来越多。乡村要振兴，年轻人才是关键。随着十八洞村由贫到富的转变，村里的创业机遇也越来越多，我们通过宣传引导，鼓励年轻人返乡创业。经过宣传引导，一大批青年才俊返乡创业。比如开启直播带货的团支部书记施康，帮助村里的父老乡亲推销农产品，2023年他还当选了十九届团中央委员。还有在家门口寻找诗与远方的大学毕业生施林娇，多次登上央视和湖南卫视荧屏，直播带货年成交大约8万单，年交易额近400万元。还有2022年回来的施林刚，西北农林科技大学毕业的高才生，在十八洞村指导村民如何提升农产品质量。还有武汉媳妇周娟，经过努力当上了十八洞村山泉水厂经理。这两年，返乡创业的青年人才就有十几个。

村民幸福感越来越强。在十八洞村，你随便找几个村民聊一聊，就会发现两个最明显的特点：一是他们对中国共产党和习近平总书记充满了感激感恩之情；二是家家户户洋溢着笑脸，特别热情好客。比如，我刚来时，村民们自发地在堂屋（客厅）挂起了习近平总书记的画像和他在十八洞村座谈会时的大幅照片，有的村民生了小孩儿后，教孩子的第一个词就是"习爷爷"。村里自发组织的节日也越来越多，"11·3"吉客节、相亲大会、感恩这十年、产业"擂台赛"等主题活动越来越多，到处洋溢着村民的幸福笑脸。

在乡村振兴阶段，十八洞村的发展势头依然强劲。2021年，十八洞村全村人均收入20167元，村集体经济收入268万元；2022年，十八洞村人均收入达到 23505 元，村集体经济收入达 380 万元。

　　服务十八洞村的两年时光如白驹过隙，深深感谢组织的关心培养、感谢战友们的支持配合、感谢村民们的理解包容，我为在十八洞村工作而骄傲自豪。

龚海华

男，苗族，1986 年 3 月出生
中共党员

  怀化市辰溪县人，2011 届湘西州大学生村官，曾任十八洞村党支部书记助理、支部书记，现任花垣县雅酉镇党委副书记、镇长。在十八洞村工作期间，先后荣获湘西州优秀大学生村官、中国旅游十大新闻人物、湖南青年五四奖章等多项荣誉。

从大学生村官到镇长

口述：龚海华

整理：李安琪　方君才

　　我于2011年9月被分配到花垣县排碧乡（现双龙镇）十八洞村，并先后担任党支部书记助理、支部书记。在这里，我从只会讲普通话的外地人变成了会讲本地话的村里人；在这里，我从一个初出茅庐的"小跟班"，成长为基层党支部的"领头羊"；在这里，我与十八洞村一起蝶变成长。这里，是我人生最为重要的一站。

　　记得刚到排碧乡时，我被组织分配到四新村，后来因十八洞村大学生村官工作的调整，加之十八洞村又有省民委工作队驻村开展建整扶贫工作，需要一名村干部，所以我被调到了十八洞村，担任党支部书记助理。刚到村里，面对陌生的工作环境、陌生的人际关系，我一片茫然。因为我是外地人，刚入村时听不懂当地话，和群众交流很吃力，这样的距离感让我感到惶惶不安。特别是如何在农村开展工作，如何发挥自己的作用，我更是一头雾水。面对这样的情况，石顺莲老支书经常鼓励我要"多听、多问、多看"，多与群众沟通交流。她说，十八洞村的老百姓都非常善良、实在，可以先用湘西本地话和他们交流，多到群众家里坐一坐、聊一聊。后来，我经常去村民家串门，与村民话家常。就这样，我慢慢地融入了十八洞村，了解了这个苗寨的历史与现状，村民的朴实深深地打动了我，村民渴望过上好日子的期盼也时时鞭策着我。

2013年11月3日，习近平总书记在十八洞村调研，同村干部和村民促膝座谈，并作出了"实事求是、因地制宜、分类指导、精准扶贫"的指示。从那一刻起，我深刻感受到，带领十八洞村脱贫致富是党支部和我的首要责任。2014年3月10日，十八洞村支委换届选举，我全票当选为村党支部书记，从一开始的"小跟班""小助理"到村里的主心骨，村里再也没人说我是"过路客""钟点工""镀金者"了。正是因为这种追求，我在十八洞村一干就是6年；正是这6年，我了解了民情、增长了本领、磨炼了意志，在与老百姓的摸爬滚打中与他们建立了深厚的感情，也逐渐成为村民心目中十分信赖的村支书。

上任后，我快速转变角色，适应新的职务，带领村"两委"与县委驻村工作队积极探索精准扶贫的"可复制、可推广"模式。我们的首要任务就是完善基础设施和改善村容村貌。在基础设施方面，拓宽通村主道4.8公里，全村225户房前屋后铺上了青石板，家家通上了自来水、户户用上了放心电。村里还建设了村级游客服务中心、停车场、观景台、千米游步道。升级改造了村小学和卫生室，建立了村级电商服务站、村级金融服务站，无线网络覆盖了全村，村居面貌焕然一新。近年来，还创新推行了相亲扶贫新模式，全村有多名大龄青年成功"脱单"，"鸟儿回来了，鱼儿回来了，虫儿回来了，打工的人回来了，人的心回来了"。

脱贫致富，因地制宜发展产业是关键。村"两委"班子认真领会习近平总书记"把种什么、养什么、从哪里增收想明白"的重要指示，确定了以种植、养殖、苗绣、劳务、乡村游5大产业为主的发展思路，为十八洞村群众探索出一条产业致富的好路子。立足长远，发展乡村旅游。以习近平总书记前来走访调研的影响力为东风，结合得天独厚的自然景观优势、淳朴民俗民风、传统民居特色，将十八洞村打造成为精准扶贫教育基地和红色旅游圣地。2016年11月，引入首旅集团华龙公司、消费宝（北京）公司，斥资6亿元打造以十八洞村为核心的旅游景区，三年内完成国家AAAA级旅游景区创建，致力打造AAAAA级旅游景区。瞄准中期，发展特色种植业。组建了花垣县十八洞村苗汉子果业有限责任公司，通过股份合作的形式，在县生态农业科技示范园异地流转土地1000亩，建设精品猕猴桃基地。项目受益后，人均年增收5000元以上，村集体年增收可达100万元。抓牢短期，巩固特色养殖、发展苗绣加工和劳务经济。以股份合作模式在全村发展黄牛、山羊、肉猪，采取大户带散户的形式，大力发展家庭牧场，全村饲养各种牲畜880多头（只）。组织53名留守妇女建立苗绣合作社，与4家专业公司签订销售订单，实现留守妇女在家门口创业。同时，加大村民技能培训，积极与深圳、广州劳动力市场对接，全村200余名劳动力在外稳定务工就业。在猕猴桃、苗绣、黑毛猪养殖等8个农民专业合作社的引领下，摸索出资金跟着穷人走、穷人跟着能人（合作社）走、能人（合作社）跟着产业走、产业跟着市场走的"四跟四走"做法，村民"抱团脱贫"成效喜人。

我们的辛苦付出，终于出了成绩，更是得到了组织的认可和群众的点赞。2016年，十八洞村实现人均纯收入8313元，比2013年增加6645元，增长率398%，136户533名贫困人口，实现按期脱贫，十八洞村摘掉了贫困村的帽子。《人民日报》、新华社、中央电视台等主流媒体纷纷聚焦十八洞村巨变，特别是2016年2月，中央电视台《新闻联播》史无前例地连续5天推出系列报道《十八洞村扶贫故事》，报道引起社会各界强烈反响。

▲ 十八洞村猕猴桃基地

2017 年 12 月，我通过公开招考，有了新的工作岗位，担任长乐乡党委委员、武装部部长。虽然出于工作原因我调离了十八洞村，但是我的心已经留在了那里，留在了我成长、筑梦的地方。我很庆幸当初支委换届时，参加

　　了十八洞村党支部书记选举；我很庆幸在 2014 年考上事业单位时，仍选择继续留任十八洞村；我更庆幸在十八洞村遇到一支有着只争朝夕、不负韶华、团结谋事的好领导、好同志的好团队。

龙书伍

男，苗族，1969年6月出生
中共党员

　　十八洞村竹子寨村民。1998年至2001年担任村会计，2014年至2017年担任村秘书，2017年至2020年担任十八洞村党支部书记。

百日奋战改变千年陋习

口述：龙书伍
整理：田元伟　郭　维

我在十八洞村担任村干部将近十年，参与了十八洞村的各项建设，见证了十八洞村的巨大变化。回忆往事，我和支部的党员干部干了很多实事，但记忆最深刻的就是开展"百日奋战"大活动。这次活动彻底改变了村容村貌，改变了村民多年来不好的生活习惯，为现在旅游业的发展打下了扎实的基础。

我读书读到了高中毕业，在那个年代算是村里的文化人。高中毕业后，看到寨子这么贫穷落后，我就留在了村里，也想为寨子做点贡献。1998年，我只有29岁，在合并前的竹子村任村会计。那个时候，年轻人都大量外流了，全村完整的劳动力可能都不到3个。村里也没通公路，出村的那条泥巴路都是我们村干部和村民一铲子一锄头挖出来的。村里的产业就更不用提了，一个都没有。就算有好的项目，没通公路，农产品也运不出去。2001年，我32岁，村会计也任满了一届，但一年到头就只有政府发的500元补助，实在是看不到希望，一屋人张起嘴巴要吃饭，我和媳妇就商量出门打工。我们到过很多地方打工，先是在花垣县城，后来到过浙江，最远到过迪拜。在迪拜打工，一年能挣 15 万元。虽然在外打工的收入要比家里务农高得多，但随着年龄越来越大，思乡的心情就越来越重，特别是牵挂家里的孩子，还有就是年轻时带领村民脱贫致富的愿望一直没有实现，总期盼有一天我们的寨子也能富裕起来。

2013 年 11 月 3 日，习近平总书记来十八洞村考察，村里都传开了。在外打工的我们，也相互分享了这个好消息。通过网络媒体，我知道习近平总书记在村里作出了精准扶贫的重要指示。我知道扶贫的新时代要来了，我们村作为首倡地，肯定会迎来巨大的变化。

看到了希望，我就下定决心回村里发展。2014 年元旦，我就回到了村里。2014 年 3 月，村里换届选举，我被选为村委委员、支委委员。村班子分工时，经过"两委"的讨论和报批，乡镇党委任命我为村秘书。在那一届班子里，我主要协助第一书记施金通、支部书记龚海华开展精准识别贫困户工作，完善基础设施。那几年，我们严格开展精准识别贫困户工作，严格按照"9 个不评"的标准和 7 道程序，共准确识别出贫困户 136 户 533 人，占总人口的 56.8%，"不漏一户、不落一人"，家家户户都服气。我们村的水、电、路的建设飞速发展，还探索了"飞地经济"模式和乡村旅游产业等。2017 年 2 月，十八洞村在全县率先整村脱贫。

2017 年，支部书记龚海华通过考试，去另外一个乡镇武装部当部长去了。双龙镇党委领导找我谈话，希望我能接任十八洞村党支部书记。当时，我感到压力很大，十八洞作为"精准扶贫"首倡地，全世界的目光都聚焦在这里，我担心干不好，辜负了组织和群众的期望，影响了十八洞村的形象，有几天晚上都没睡好。最后，在镇党委和扶贫工作队的鼓励下，我才信心满满地接任了村支部书记，这一干就是 3 年。我们这一届村班子接续努力，干了很多实事，巩固了脱贫攻坚的成果，比如进一步完善基础设施，成立了旅游公司，建设了十八洞村山泉水厂等，村集体经济和村民收入一下子就翻番了。

我接任村支部书记时，村容村貌还没有现在这么整洁漂亮。村民的房子也是风格各样的，有的还是用泥巴糊的，有的甚至准备用砖盖房子了。房前屋后还是乱堆乱放，有的养鸡、养鸭、养猪，在路上都能闻得到臭味。还有的养牛、养羊，羊圈和牛圈就在屋子旁边，这些牛羊在路上随地大小便，搞得臭气熏天。我们怕这样的状况会严重影响十八洞村的形象，影响旅游业的后续发展，于是，扶贫工作队和村班子一起商量，决定在迎接精准扶贫重要理念提出五周年之际开展一次"百日奋战"。所谓"百日奋战"，就是在2018年7月到10月，要让村内基础设施有大提升、村容村貌有大变化、村民日常生活习惯有大改变。主要内容有完善村规民约和基础设施，开展"厕所革命"、庭院建设、房前屋后打造、院墙打扮、卫生清洁等。这些事听起来容易，其实真正实施起来，真是困难重重。我们这里封闭落后太久了，老百姓的很多生活习惯不文明，观念也比较陈旧，一个细小的问题，因为牵扯到每家每户，都变成一个巨大的问题。整改之前，好多户人家的墙都是牛屎墙、泥巴墙，屋里养着鸡、鸭、牛、羊各种动物，柴火乱堆乱放，房前屋后衣服乱晒，路上垃圾、牛屎、鸡屎到处都是，人都不敢下脚（落脚）。当时，我们村干部每家每户走访，手把手教他们怎么整改，帮他们养成讲卫生、讲文明的生活习惯。我们经常摸黑走夜路，打着手电筒到村民家里给他们讲解，有时候已经半夜12点了，还在村民家里给他们做思想工作。我记得寨子里有一户人家，老人家有头养了15年的老黄牛，养出感情了。我们劝他换一个离家较远的地方养，或者卖了，他就是舍不得。后来，我们就想办法动员他的家人去做他的思想工作，儿子、女儿都去劝他，他也不同意。最后，

▲　十八洞村民义务改造村道

我们劝他从村里发展的长远利益考虑，并动员他在家摆地摊卖东西，做点小生意，他才同意把牛卖了。

"百日奋战"那段时间，时间紧、任务重，很多多年遗留下来的陋习等着我们去克服、去改变。那段时间，有时候到了饭点，自己有没有吃饭都记不住了。晚上睡觉一躺下去就想："好多事情都没做完呢，怎么一天就过完了？"然后不知不觉地呼呼大睡了，太累了。那段时间虽然非常苦、非常累，但是取得的成绩也非常明显。经过我们几个月的奋斗，我感觉到老百姓的思想观念、精神面貌、生活习惯都有了很大的变化，更加团结合作了，也更讲大局了；每个人都攒劲（努力）搞发展，脸上看到了希望；大家也讲究个人卫生，注重生活质量了。

经过我们的努力，现在进村的路修得越来越宽了，寨子里面房子也整齐美观了，我们的游客服务中心、停车场也修好了，乡村旅游、红色旅游更加红火了。旅游团开始慢慢多了起来，有人接待，有人管理，老百姓开农家乐、开民宿、摆地摊的越来越多了。乡亲们眼里有光、心中有梦，日子过得越来越富裕、越来越幸福。

2023 年，"百日奋战"已经 5 年了，每每回忆这段历史我都热血沸腾。我也思考为什么千年的陋习在短时间内会有所改变，关键还是通过精准扶贫让大家富裕起来了，也让大家相信只要跟着共产党就能过上好日子，所以坚定地跟党走。2023 年，我离开村党支部书记岗位 3 年多，我为自己参与了十八洞村建设发展而感到骄傲自豪，也祝福十八洞村未来越来越好。

龙振章

男，苗族，1977 年 8 月出生
中共党员

花垣县吉卫镇人。2017 年 2 月至 2021 年 12 月任十八洞驻村工作队副队长，现任花垣县政协文史委主任、县驻村办副主任。

为了老百姓，我无怨无悔

口述：龙振章

整理：代尚锐　朱永炀

　　我的家乡在吉卫镇，与十八洞村只有一山之隔，这座山就是莲台山。巍峨的莲台山是我们家乡的"水塔"，却是十八洞村走不出贫穷的"屏障"。莲台山前是我的家乡，沃野千里、良田万顷，是"花垣县粮仓"；山后是十八洞村，犄角旮旯、地无三尺，是"花垣的盲肠"，一个"鬼见愁"的地方。

　　2021年2月，当村支书施金通从习近平总书记手中接过"全国脱贫攻坚楷模"奖牌时，作为当时驻十八洞村工作队副队长，我激动得热泪盈眶。"功成不必在我，功成必定有我。"我为自己在十八洞村近5年的默默付出而高兴，也为自己能见证十八洞村自2013年后发生的翻天覆地的变化而庆幸。

　　我和十八洞村很有缘分。当时的工作队队长吴式文和村支部书记施金通找到我，说十八洞村工作队开始轮换，他们希望像我这样听党话懂苗话又有农村工作经验的人加入十八洞村的扶贫队伍中。

　　我犹豫了。去吧，老婆已身怀六甲，大宝也面临小学毕业，都需要照顾；不去吧，又难得遇到这么好的基层锻炼的机会。后来，县委副书记彭学康亲自找我谈话，我认识到作为一名党员肩上的责任。

2017年春节前，我一直不敢和老婆说起这件事儿。春节后，我才给老婆做了去十八洞村扶贫的"假设"。万万没想到，我老婆竟然满口答应了，说要是能去"精准扶贫"首倡地贡献一份力量，那一定是件幸事。所以，后来孩子上学、升学，都是她一个人自己打理；二宝出生那天，我没陪在她的身边；二宝是怎么学会走路、怎么学会叫爸爸的，我一直"糊里糊涂"，好似孩子一见风就长大了。好在老婆一直没有埋怨过。在2021年的十八洞村"村晚"（春节联欢晚会）上，她代表驻村工作队家属接受记者采访，说起家里的点点滴滴，说起对我驻村扶贫的感受，她哭了："那是他的事业，是他的人生抉择，我无条件地支持……"

进驻十八洞村的第一天，我就把自己当成一名地道的十八洞村人，把扶贫当成自己的事业。随着十八洞村发展的不断深入，也会呈现出各种各样的矛盾。怎样做群众的思想工作，成为驻村工作队茶余饭后思考的话题。为此，我遍访十八洞村的农户，对全村230余户的家庭情况烂熟于心。我时常同群众一起聊家常、话发展，但仍然会碰到一些不被人理解的情况。在十八洞村山泉水厂厂址征地过程中，一名群众因为不理解竟然说："你讲的不算数，你还是让队长来和我讲吧。"那时我有一种说不出言不明的酸涩。面对一些委屈，我总是告诫自己：我是一名党员，在十八洞村开展扶贫工作，这些委屈算得了什么？至少我胸前还有一枚耀眼的党徽，这就是我的底气！

2018年以后，来十八洞村参观旅游的人越来越多。我们扶贫工作队和村"两委"抓住机会，持续把旅游业做大做强。2019年，十八洞村旅游公司正式营运，已经卸任村主任的施进兰当了公司副总经理。我们统一给村民开展厨师培训，农家乐、民宿、地摊等在十八洞村遍地开花；我们优先招收十八洞村和附近村子里的年轻苗家阿妹，一群群外面打工的姑娘逐渐返回村里。经过培训，这些苗家阿妹转变成能讲一口流利普通话的导游。公司成立当年，全村共接待游客 60 多万人次，实现旅游收入 1000 余万元，乡村旅游正成为十八洞村最大的富民产业。

在十八洞村的四年多时间，我也有很多遗憾。2019 年 1 月，岳母离开了人世。"小龙，你抽个周末，开车带我去松桃一趟。我听说那里有个苗医很厉害，我想拣几副草药。"这是岳母在 2018 年 6 月对我的第一次请求，可是直到岳母离世，我都没能让她遂愿。那时，她带病从青海回来，等到我抽出时间带她去州医院检查时，医生给出的诊断是癌症晚期。"小龙弟，你快回来吧，妈可能不行了……"2019 年 1 月 23 日，大姐打来电话哭诉，我才感到大事不妙。等我驱车火速回到家时，岳母已经离我们而去。

不是我不想带岳母求医，也不是我舍不得花钱给岳母治病，更不是我没有孝心不去伺候岳母，的确是因为十八洞村的工作太忙，很多时候身不由己。十八洞村的项目在不断上项，十八洞村的游客在不断增多，在十八洞村的几年，工作队的队友都很少回家、很少休息，包括周末、长假，大家都在不停地工作，为的就是"首倡之地当负首倡之责"。也正因为如此，与家乡一衣带水的贵州松桃却成了我不能满足岳母请求的最遥远的距离。

十年时间，十八洞村"破茧成蝶"，曾经贫穷得不能再贫穷的小山村，在党的"滚滚春潮"中掀起了翻天覆地的浪花，成了划时代的"红色地标"。作为十八洞村驻村工作队的一员，我衷心愿十八洞村的明天更美好。

就十八洞村的十年变化，在此即兴作诗一首：

十年蝶变战贫穷，直指康庄求大同。

斗转星移诸事顺，夫随妇唱万家融。

春潮滚滚连苗寨，夏意绵绵和雅风。

男女老幼齐上阵，再描山郭满堂红。

施 康

男，苗族，1996 年 8 月出生

十八洞村竹子寨村民，现为花垣县十八洞村团支部书记、湖南省第十四届人民代表大会代表、中国共产主义青年团第十九次全国代表大会代表、中国共产主义青年团第十九届中央委员会委员。

十八洞村凝聚了我的青春力量

口述：施　康
整理：谭秀华　刘亮晶

2021 年 3 月，我当选湘西州花垣县十八洞村团支部书记，带领村里年轻人助力十八洞村发展。

我出生于十八洞村，也奋斗在十八洞村。少年时代的我，在村里见到过贫困最真实的样子，吃过各种各样的苦。记得小时候，村里十分贫穷，教育资源有限，所有人都想"往外走"，留在村里的，几乎只有空巢老人和留守儿童。幸运的是，我从小学开始，就被父母送到镇上读书，初中毕业又考到了县城的高中。但从小到大，我总想要回到十八洞村，在我热爱的那片土地与父老乡亲生活在一起，为村子发展做出自己的贡献，改变村子贫穷的现状。但那时候的自己年纪小，知识技能、经验阅历也都很有限。因此，在想到这件事时，我常常感到迷茫，不知道自己能为村子的发展做些什么。直到高中毕业，我考入了长沙的大学，学习了自己感兴趣的传媒艺术类专业。在大学期间，我努力学习理论知识，提高专业技能。毕业后，我在长沙一家公司从事短视频工作，一边学习，一边积累短视频拍摄和制作经验。在工作的过程中，我逐渐有了成熟的想法，决定返乡创业，以视频为载体，一边拉动家乡的产业，一边让更多人看到美丽的十八洞村。

多亏赶上了好机遇，在我长大成人的过程中，精准扶贫理念让十八洞村发生了翻天覆地的变化，而这也进一步坚定了我返乡创业的决心。2019年年底，我辞去了长沙的工作，回到十八洞村创业，父母、亲戚也都很支持我的决定。那时候，村里的路宽了，车多了，企业也进来了，人们感觉到了广阔的发展前景。当然，作为一个脱贫不久的村子，十八洞村的资源、人才依然存在不少短板，但在我看来，只有身体力行地去干事，才能在实践中逐渐补齐这些短板。

一开始，我一个人单打独斗，通过短视频推介家乡的风土人情，收益并不算高。但在这一过程中，我的做法吸引了村里好几个有想法的年轻人，我把自己掌握的视频制作技能和互联网知识传授给他们，我们一起做短视频、搞直播，像涟漪一样，搅动了村里的"一池春水"。起初一段时间，我和小伙伴们全凭一腔热血，连固定工资都没得领。但是，随着我们的粉丝越来越多，直播间里农产品和手工艺品的销量越来越高，我们的事业也逐渐走上了正轨。在这一过程中，我们因为没经验吃过亏，因为品控不严遭遇大规模退货，也因为直播带货是一种新事物、新业态，有村民觉得我们拍视频是"游手好闲""不务正业"，他们的话传到我们耳朵里，难免让人感觉到消沉。但家人、村干部和粉丝的支持，给了我们坚持下来的动力，我不断告诉自己：即便最终的结局是失败，这件事也值得坚持。在我起初返乡的那段时间，十八洞村作为脱贫标杆，名声日益响亮了起来，许多曾以"走出大山"为志向的年轻村民，也因这些影响而逐渐"洄游"。我们村直到2013年才考出第一个大学生，到2023年6月一共有41个大学生了，其中11个人在毕业后选择回村发展，比例相当高。除此之外，许多离乡打工的年轻人也看到了村子里的发展机会，回到家乡。他们奋斗的方式不止返乡创业一种，有人考事业编成为干部，有人进入村委会工作，也有人回家帮父母经营农家乐。年轻人根据自己的专业兴趣、个人条件自由选择发展方向。从现实角度出发，除了乡土情怀之外，一个地方要想留住人才、吸引人才，最重要的就是要让人看到足够多的发展机会，为其提供良好的收入和幸福的生活。如果在村子里奋斗，赚到的钱不比城里少，大家当然愿意生活在熟悉的环境里，做自己真心想做的事。能够用实干给村子创造效益、创造价值的人越多，村子的经济实力就会越强，如此一来，便能进入乡村振兴的良性循环。

2021 年 3 月，在组织和广大青年的支持和信任下，我当选为十八洞村团支部书记。这个岗位让我感受到责任之重，也让我这个返乡创业者有机会站在不同的角度思考：乡村地区能够做些什么？用什么吸引青年、服务青年？通过挨家挨户走访，我和村里许多年轻人展开了深入交流。我发现：年轻人一方面需要村里提供更多就业创业政策，帮助他们开局起步；另一方面也需要组织和他们建立更密切、更直接的联系，把政策精神切实传递给每个人。有些大学生带着热情返乡之后，不知道该做什么、怎么做。我问他们怎么不来村团支部，他们说"没人叫他们"，这显然是一个需要改进的工作要点。此外，村里也要结合自身条件，积极开辟更多产业赛道，把集体经济做大做强，这样自然更容易吸引年轻人。2021 年 7 月 1 日，我组建了十八洞新青年电商工作室，带领更多的年轻人参与电商直播。我们电商团队每个人分工明确，以乡村美食美景、民俗文化为题材，宣传家乡的风景、民族文化，销售本地土特产，让外面的人来我们的家乡游玩，带动我们家乡的旅游业，让我们的农副产品走出大山，走向全世界！

我们平常直播主要销售十八洞村腊肉、土蜂蜜、猕猴桃等农产品。时至今日，我们在短视频平台积累了将近 10 万粉丝，直播销售额十分可观，不仅帮十八洞村卖出了不少好货，也拉动了附近一整片地区的乡村产业发展。在就业方面，除了6名固定团队成员以外，我们还会雇用村民帮忙打包发货，参与到我们的事业，不仅实现了村民收入增加，也带动青年们参与家乡建设，凝聚了十八洞村青年的向心力，在乡村振兴工作中发挥了应有的作用。正因如此，我们十八洞村团支部于2020年10月被共青团中央确定为"全国青少年教育基地"，2021年4月被共青团湖南省委确定为"湖南省青少年教育基地"，2021年5月荣获"湘西州五四红旗团支部"称号，2022年4月荣获"全国五四红旗团支部"称号。

▲　施康在直播带货

未来，我希望能做出更多成绩，把影响力从十八洞村扩展到整个湘西地区，吸引更多年轻人回到家乡、建设家乡，把我们的家乡建设成为乡村振兴的典范。

施林娇

女，苗族，1996 年 8 月出生

　　毕业于浙江音乐学院，十八洞村竹子寨村民，原建档立卡贫困户，十八洞村旅游形象大使。现在在花垣县十八洞村从事电商直播带货，是十八洞村的"带货网红"。

在家门口找到了诗与远方

口述：施林娇
整理：韩志强　欧阳静

　　我是湘西土生土长的苗家阿妹，出生在十八洞村。在我的记忆里，曾经的十八洞村是一个出了名的穷旮旯，山高路险，交通闭塞。那时候，村里没有公路，汽车进不了村，一头猪要五六个壮汉往外抬。进出村子，顶多骑个摩托车。路是沙石铺的，一不小心就会翻车，晴天一身灰，雨天一身泥。村里的很多年轻人都跑出去打工，留在村里的多是老人和孩子。在这里出生、成长的我，从小就对外面的世界充满着向往。那时候，我有一个梦想，想做一名歌星。我一直盼望着自己能够走出深山苗寨，去大山外面的世界追寻年轻的梦想，寻找诗与远方。

　　2013年11月3日，习近平总书记跋山涉水来到了我们大山深处的湘西苗寨，看望十八洞村的乡亲，并提出了精准扶贫重要理念。精准扶贫的号角催生了十八洞村的蝶变，我就是其中的经历者，更是受益人。2015年我参加高考，在艺考时，家里发生了变故，让条件本来就不好的我们家雪上加霜。后来，在精准扶贫政策的帮扶下，母亲没有放弃，硬撑着供我们几个姐妹读书。靠着国家的助学贷款,我在浙江音乐学院完成了4年的学业。2019年,我大学毕业后,在湖南浏阳一家企业做新媒体运营工作,这份工作很安稳,收入也不低。可是自小习惯了苗寨生活的我,内心深处始终牵挂的还是我的深山苗寨,思念的还是十八洞村的亲人。工作一段时间后,既出于对家乡的感情和热爱,也出于青年的责任与担当,我决定辞职返乡创业,为家乡的建设贡献一份力量。

回到家乡做些什么呢?当我再次回到十八洞村时,看到了村里的宽带网速越来越快,无线网络覆盖全村,银行网点、电商服务站开到了家门口……随即便想到乘势发挥特长,我和村里另外两位返乡创业的大学生施志春、施康把目光聚焦在短视频拍摄上,经过调研学习,我们决定依靠抖音等短视频平台,把十八洞村的声音传播得更广。我们三个一拍即合:施志春负责策划,施康负责视频拍摄和制作,而我负责出镜直播。通过制作视频和网络直播,向外展示十八洞村的变化:村里以前全是泥巴路,现在都是青石板、沥青路,建起了黄桃基地、猕猴桃基地、山泉水厂,村民还享受产业分红。现在,我们三个小伙伴正在视频直播中展示十八洞村的风景、美食、服饰、民俗、建筑、苗绣和苗家人干农活儿、上山砍柴等生活趣事,在一家直播平台已经有了十多万"粉丝"。我们还有了自己的电商渠道,以直播带货的形式帮助村民销售土特产品,出售的商品有腊肉、香肠等农产品,年成交量大约8万单,年交易额近400万元。

今非昔比,如今的十八洞村早已不是曾经的十八洞村了!村里游客多了,农家乐开起来了,猕猴桃产业分红了,山泉水可以卖钱了,乡亲们的腰包鼓起来了……身为十八洞村的村民,我感觉到满满的幸福和无比的自豪,而我更感谢的是与我们一起奋斗着的乡亲们,我相信十八洞村父老乡亲的日子会越过越好!

▲　施林娇直播带货

　　青春是用来奋斗的，我坚信自己的选择！相信我们青年一代一定可以给十八洞村注入年轻的活力，为乡村振兴贡献自己的力量，实现自己的人生价值。未来，我们团队要在直播电商这条路上继续走下去，要做得更正规、种类更齐全。以后，我们要展示的不仅是十八洞村，还要把湘西州更多民俗、美景、特产都整合起来，进行推介和销售，这是我的目标，希望我能做到。我相信只要瞄准发展方向，肯奋斗、肯吃苦，我的青春同样可以乘风破浪，不负青春、不负十八洞村，在家门口，同样有梦可栖，有诗和远方！

龙志坤

男，苗族，1980 年 11 月出生
中共党员

　　花垣县双龙镇洞冲村村民，现为花垣县移动公司麻栗场
（含十八洞村片）网格总监。

打通了信息"高速路"

口述：龙志坤
整理：代尚锐　田元伟

我是土生土长的双龙镇人，现在主要负责双龙镇、麻栗场镇、长乐乡通信业务和保障管理工作。

我出生在麻栗场的洞冲苗寨，与十八洞村相距约 10 公里，在十八洞村有不少亲戚。记得小时候，我跟随家人去十八洞村的亲戚家串门，仅从村口一路跋山涉水到村里，往返要半天多，出行极不方便。2002 年大学毕业后，我进入花垣县移动公司工作，亲身参与和见证了十八洞村通信事业的发展。

2006 年，花垣县通信"村通工程"在十八洞村建设第一个通信基站，给村里赠送了一台移动公用电话。当时全村辖 4 个自然寨、6 个村民小组，225 户，939 人，移动用户仅 26 户。一方面是十八洞村穷，大家买不起手机；另一方面是村里没有信号，无法实现通话。那时，大家往来极不方便，手机对于多数村民来说是极为陌生的。当时，由于十八洞村没有任何产业，通信、道路等基础设施很差，稍有头脑的人都选择外出打工。2010 年，十八洞村手机用户只有 40 多户，多数是在外打工的人才买得起。但由于村子地理位置偏僻，手机经常没信号，接个电话要经常跑出来，对着电话"喂喂喂，听不听得到"这样叫唤半天。那时我们通信工作人员都不愿意来十八洞村，更别提外面的游客了。

2013年，习近平总书记来到十八洞村考察，与苗族乡亲们促膝谈心，并首次提出精准扶贫重要理念。十八洞村成了"精准扶贫"首倡地，从这一天起，信息化助力精准扶贫的模式全面开启。我可以十分自豪地说，2013年以后，十八洞村通信事业的发展，我全部看在眼里，也全程参与。当时，湘西土家族苗族自治州的通信基站大都选址在海拔1000米左右的高山上或人烟稀少的大山深处，条件特别艰苦。极为艰苦的施工条件，导致施工成本倍增、施工周期延长，但十八洞村群众和通信工作人员倾其全力、无惧风雨，甚至用手拉、背驮、肩扛这些最原始的方式把沉重的设备一件件运进村。自此以后，十八洞村的信息化进入了高速发展阶段。2014年3月，实现十

▲ 十八洞"数字乡村"平台助力乡村振兴

八洞村移动光纤入户，28 户建档立卡贫困户首批优先开通移动光纤宽带；6 月，十八洞村开通 4G 基站。2015 年，十八洞村"家家用宽带，人人用 4G"的局面基本形成。也就是这一年，十八洞村电商营销启航，搭建移动电子商务平台，许多村民开通网络直播销售当地土特产。2016 年，十八洞村电商服务中心成立，通过电商合作帮助村民将腊肉、苗绣工艺品、绿色蔬菜等土特产销到州内外。2018 年 11 月，"花垣十八洞村"县域公共品牌发布会召开，组织对接多个电商平台、微信公众号和抖音等进行网上营销推广。2020 年 8 月，中央广播电视总台"心连心系列公益带货直播"走进十八洞村活动取得良好成效。2020 年国庆节前夕，十八洞村开通了 5G 网络。十八洞村"城乡数字化"鸿沟彻底缩短，十八洞村山泉水厂、村部电子政务网、景区服务中心等均有优质的互联网专线服务。十八洞村还开展了平安乡村建设工作，安装摄像头 60 个，并建立十八洞村"数字乡村"平台。坐在村部值班室，就可以实时看到村里全部公共摄像点位的情况。在村里组织的吉客节、相亲大会、春节联欢会等各项大型活动中，随时都可以看到通信网络应急保障车的身影。如今的十八洞村，现代化智慧灯杆遍布各处，三五游客滴滴一下"扫码取货"，刷抖音做直播的欢声笑语不时传来。这些变化得益于十八洞村数字乡村建设的推进，让这个深山苗寨与外面的世界连接起来了，赶上了新时代的步伐，并焕发出勃勃生机。

十八洞村的亲戚经常讲，以前的十八洞村既偏远又贫困，路不通，电不通，更别谈移动电话了，老百姓都用不起，好像和外界隔绝了一样。现在不一样了，政府给他们装上了宽带，还开通了 4G、5G 通信系统，有了这条信息化致富之路，村里的腊肉、苗鱼、酸辣子（辣椒）、苗绣、野生蔬菜等，在网上一晒，都成了抢手货，甚至销到了国外。

杨英华

男，苗族，1993 年 3 月出生
中共党员

　　十八洞村梨子寨人，原建档立卡贫困户，毕业于华东师范大学，是十八洞村的第一位大学生，现为西藏自治区拉萨市实验幼儿园东城分园教师。

第一位大学生当了援藏教师

口述：杨英华

整理：李安琪　代尚锐

　　我 2013 年考上华东师范大学的学前教育专业，是十八洞村第一名大学生。2017 年大学毕业后，为感党恩，我主动报名参加西藏支教，现在是西藏自治区拉萨市实验幼儿园东城分园的一名幼儿园教师。

　　我父母是地地道道的十八洞村人，家中有四个孩子，我排行第四，前面有三个姐姐。小时候我家的经济来源主要靠种地，母亲外出帮人打谷子，父亲偶尔接些木匠活儿，收入勉强够我们一家六口维持生计。每次学校开学的时候，我们都没法准时上学，因为父亲的木匠活儿还没有得到工钱，我们没有钱交学费，于是我们姐弟就比别人晚一个礼拜上学。至于吃穿方面，饭桌上经常见到的就是自家种的青椒、白菜、南瓜等，这些东西一吃就是一年。以前我们都很盼望做客（吃酒席）、过年，因为只有去做客或者过年的时候我们才能吃上肉；我们穿的要么是在集市上买的便宜衣服（就这些，母亲还要跟商贩还价一小会儿），要么是母亲外出务工时在雇主家捡回的旧衣物。虽然日子过得比较苦，但是我们很开心，因为父母的爱、姐弟的爱滋养着我们的整个童年。

本以为日子能慢慢地变好，但是屋漏偏逢连夜雨，在我读小学四年级时，父亲查出了骨质增生、腰椎间盘突出等疾病，我家一下子失去了顶梁柱，家庭重任落到了母亲肩上，但是母亲却没有丝毫的怨言。"女子本弱，为母则刚"在母亲身上体现得淋漓尽致，耕田、犁地等农活儿母亲全部扛起。就这样日复一日，母亲把我们四姐弟抚养长大，姐姐们成了家并有了自己的儿女，而我也大学毕业参加了工作。由于长期的辛苦劳作，母亲的身体被拖垮了，她于2022年10月病逝，这是我无法抹去的遗憾和痛，母亲在本该享福的年纪，却因为身体长期过度劳累永远地离我们而去。

虽然家庭贫困，父母亲都是饿肚子长大的，学堂门都没进过，但他们很乐观，总是告诉我，只要勤劳，日子就会越来越好，只有读书才能走出大山。所以，我一直把读书作为改变我命运的唯一途径，发奋地读书，小学到高中成绩一直都是名列前茅。在高中时，为了能考上自己心仪的大学，我每天早上六点半就起床学习，一直到宿舍关门为止。除了吃饭、睡觉、洗衣物，剩下的时间都是在学习中度过的。果然，皇天不负有心人，在我的不懈奋斗下，我如愿地考上了华东师范大学学前教育专业。

2013年11月3日，习近平总书记来到了我的家乡，并在这里提出了精准扶贫重要理念。当时，我刚好进入大学，从新闻上看到这个消息，我的第一感觉就是不可思议，怎么也不会想到习近平总书记会去我们苗族大山里的贫困村。然后我就充满期待，作为"精准扶贫"首倡地，我的家乡肯定会迎来历史巨变。

2014年以后，我大学放假每回来一次，看到村里都会发生一些变化。窄窄的泥巴路变成了宽敞的水泥路、石板路，竹栏上裹牛粪围起来的房子变成了全新的木房子，家家户户用上了跟城市里一样的卫生间、宽带网络，有条件（地理位置在红色路线上）的村民开起了农家乐、民宿，村民们的生活有了盼头。我家也不例外，开起了农家乐和民宿。因为父母亲年纪大了，远嫁的姐姐都会过来帮忙。在我读大学期间，每次和父母通话，他们都会说，现在政策好了，挣钱比以前容易多了，开农家乐一个月的收入都有几千块，也不用太辛苦。他们每次都会嘱咐我，不用像以前那么太节俭了，该用钱的地方一定要用。

2017年8月，我大学毕业，面临诸多就业的机会，我毅然决然地选择了前往西藏支教。对于这个决定，父母很是不舍，但是非常支持。他们说，别人都来支援十八洞村的建设，我们才有这么大的变化。我们富裕了，也不能忘记党的恩情，也应该支援别地的建设。毕业后，我满怀期待地坐上了从长沙开往拉萨的火车，踏上了去西藏工作的旅程。当火车经过唐古拉山的时候，我上吐下泻、头晕眼花，强烈的高原反应让我瞬间体会到了父母的担心。但内心对党的感恩和母校"为人师表，求实创造"的校训，以及车上几位老乡的关怀，使我更加坚信了自己的选择。经过两天两夜的车程，我终于来到了向往已久的拉萨，带着疲惫的身躯面对着曾经既遥远又陌生的城市。到拉萨不久，我被分到了拉萨市实验幼儿园东城分园。

"要服从组织安排，听领导的话，好好工作，不能给我们十八洞村丢脸啦！要注意身体啦！"这是我去拉萨后，父母给我讲得最多的话。刚参加工作的第一个学期，在跟孩子的互动上，我都极不自然，在对孩子的保育上也存在诸多不足，但我对孩子的爱从未减少。随着角色的深入，我渐渐地喜欢上了这个职业，各项技能技巧也渐渐地有所提升。5年的工作经历，让我有了足够的耐心面对孩子的顽皮，有足够的信心处理孩子间的矛盾，有充足的把握与家长沟通。现在的我，不仅可以一个人管理38个幼儿，还可以让他们按照规则进行游戏，开展集体教育活动。同时，我也学会了给女孩子梳辫子，在给幼儿处理大小便问题时也不会像当初那样觉得不适应，现在感觉就像是在照顾自己的孩子一样。

在党的领导和关怀下，我的家乡发生了巨变，父老乡亲过上了幸福的生活。作为十八洞村人，我更应该秉持"吃水不忘挖井人"的信念，用行动去报答党的恩情，奉献我的青春。

▲　杨英华（前排中）大学毕业照

龙元章

男，苗族，1946 年 5 月出生
中共党员

十八洞村当戎寨村民，原建档立卡贫困户。

党员就要不同于一般人

口述：龙元章
整理：田元伟　谭秀华

我 1972 年入党，有 51 年党龄了。快 80 岁的人了，看到村里发展得这么好，我感到很满足、很幸福。我经常和村里的老党员讲，虽然我老了，做不了什么，但是我仍然是党员。好不容易盼来村里发展的这一天，只要我不老糊涂，就得带头支持村里的工作。

2013 年 11 月 3 日，习近平总书记来我们这里考察时，我还在田里做工，根本不晓得这回事。后来，我晓得老书记石连银去开会了，我就讲："你去开会怎么不喊我，以前你当村支部书记时，我那么支持你工作。我们党的总书记来了，我也好想去看一看他，听听他讲话。"石连银见我怪他，就给我讲，其实他也不晓得是习近平总书记来十八洞村，再说去梨子寨，车子也坐不到。我跟他讲："要是我晓得是习近平总书记来，打夜工（晚上）都要走过去，一辈子都没有这么一次机会。"

十八洞村以前的日子是真苦，是被其他村看不起的。我们住在一个山沟沟里，里面的人难出去，外面的东西难进来。1998 年以后，我们村民自发地挖了一条泥巴公路，天晴时倒还好，一到下雨天就非常困难，车子都爬不上去，轮胎打滑，经常陷进泥巴坑里，我们就得下车推车。推上去再碰到泥巴坑，又下去推车，经常是推一节（段）走一节（段）。记得有一次，我们坐拖拉机进来，轮子陷到泥巴坑里去了，可能是货拖重了，车子都爬不动。拖拉机冒着黑烟"突突突"地往前拉，车头摆来摆去，最后还是没动。没有办法，我们就下车推。我就站在车轮后面，车子后轮飞快地转动，搞得我一身稀泥，嘴巴边上都是泥水。旁边的人看见我这个样子，都哈哈大笑起来。这样的事，三天三夜都讲不完。

习近平总书记到十八洞村以后，上面就派了扶贫工作队来帮助我们脱贫致富，这里就一天一天变化着。修公路、通自来水、改厕所、扩院坝等，做的事太多了，数都数不过来。我看见村里拓宽公路时特别激动。现在都是挖土机、推土机，这些机械几下子就可以把一段路铲完了，我们那时都是拿着锄头、撮箕、钢钎修公路。看到这个场景，我当时好想冲上去挖几锄头，也想发挥点作用。每次看到村里搞建设，我就想去帮忙。不是我不服老，而是作为一名老党员，总想发挥点作用，这种心情是很急迫的。我觉得党员还是要有大局意识，党员不能等同于一般人。如果我们党员都不发挥带头作用，那么怎么启发老百姓？不管什么事情，党员都要走在前头（面），要对得起党员身份。

2018年，大概是六月（农历六月）间，村里开展"百日奋战"，要整改村容村貌，迎接我们村景区升级。当时村里来了好多人，到我们这里搞建设、修路、修厂子，帮我们老百姓打扮房子。工作队的那些工作人员，都是驻村的，天天加班加点地干活儿，有时候我在路上碰到他们，也没有什么东西好招待的，就喊他们进屋喝口水，吃个粑粑。那段时间，村里的村干部忙得脚不沾地，经常大半夜还到我们家里走访。刚好村党支部组织了志愿队，我虽然年纪大了，但也还是想发挥老党员同志的带头作用，想为村里面做点贡献，我就报名参加了志愿队。村里安排我去捡捡垃圾，搞搞义务劳动，有时候整理一下别人屋里摆得不好的柴。石连银当时和我分到一起，我72岁，他也差不多70岁，我们两个70多岁的人，天天干完农活儿就到村里头转，竹子寨、梨子寨啊，都去过，到处捡垃圾。我记得有一次，我们到梨子寨那边捡垃圾，他为了捡一个糖壳壳（零食包装袋），脚一滑，没抓稳，一下子滚到坡下头（面）去了，幸亏下面有些竹子把他拦住了，要不然都不晓得要滚到哪里去了。到现在，想起这件事我都觉得好笑。虽然这些事很尴尬，但我们都无怨无悔。

　　我当了大半辈子的共产党员，也没干什么大事，连村干部都没当过，但我可以骄傲地讲，我对得起党员身份。

施林刚

男，苗族，1994 年 10 月出生

十八洞村竹子寨人，毕业于西北农林科技大学应用化学专业，2022 年从岳阳市返乡创业，现为十八洞村经济联合社工作人员。

放弃高薪回苗寨

口述：施林刚

整理：郭　维　欧阳静

以前我们村太穷，祖辈们在这么一个山沟沟里住了几百年了，山多地少，年轻人都想往外走——走出大山沟沟，是我们几辈人的梦想。在这种浓厚氛围的影响下，我也想往外走。所以，我父母亲会给我讲，只有读书才能走到这大山外的世界去，生活才会更好。我读书比别人晚，8 岁才上小学一年级。小时候，寨子里只有一、二年级，三年级以后就要走很远的路去读书，父母不放心我，特地让我推迟一年读书。可能我是读书比较晚，就比别人更懂事一点，读书一直很刻苦。在读三年级以后，我还记得每次考试时，我要起得更早，怕迟到。等我考完试了，走到家时天都黑了，大人们就站在寨子口等我回来吃夜饭。关于读书，我记忆里比较深刻的一件事，就是 2008 年的冬天上学。那一年南方遭遇冰雪灾害，因为我们这里海拔比较高，所以雪下得特别大。那天早上，我推开门一看，发现雪都堆到我的小腿那么高了。但学校没说放假，最后，我还是坚持上学，穿了一双水筒鞋，书包里还背了一双棉鞋。上学的路白茫茫的一片，因为我从来没见过这么大的雪，既新奇又兴奋，早就忘了脚下穿的是水筒鞋。实际上，水筒鞋在那么大的雪面前，根本无济于事。等我走到学校，整个脚都湿透了，冻红了，感觉脚掌都冷僵了。在这样艰苦的条件下，我坚持努力读书，终于考上了西北农林科技大学，并选择了我喜欢的应用化学专业。

2015年，我读大学以后，每年寒暑假才会回家，而我每一次回家，都能看见村里惊人的变化。通往寨子的路越来越宽敞，可以同时走两辆车；寨子里家家户户都在政府的统一规划下，翻新了家里的房子；屋外的坪场也从过去的泥巴路换成了青石板路；家里的庭院都进行了修缮，还修了栏杆，变得又安全又美观，家家户户都过上了幸福的生活。特别是以前冷冷清清的苗家小寨，每天都有大批游客来这里学习或者旅游，每天就像过年一样。外出打工的年轻人因为村里有很多创业的好机会，也陆陆续续地从外面回来了。

2019年我大学毕业后，来到岳阳一家制药厂上班，刚入职时，一个月的工资五六千。后来经过努力，我当了主管，工资涨到了七八千。2020年春节回家，我看到儿时的玩伴施康带领一群青年人创业，通过直播带货，过上了在家创业致富的好日子。看到他实现了自己的梦想，而且现在的十八洞村到处是发展机会，我是既高兴又动心。

于是，我也想回家乡创业。但是我读了重点大学回到村里创业，又担心父母反对。这时，一直把我带大的阿爷（爷爷）身体不太好，需要人照顾，我老婆又在张家界教书，我是两头跑，非常累。借这个机会，我和家里人商量，讲出我准备回到村里创业的想法。哪知道，家里人都非常支持。2022年，在村经济联合社正需要大学生的时候，我果断放弃了岳阳的高薪工作，选择回到家乡创业。现在，我已经在村里的经济联合社上班了，给联合社出谋划策，帮助群众推销农产品。最值得骄傲的事情，就是我也发挥了专业特长。农产品的种植培训、农产品质量监测都需要我的专业知识。因此，我可

▲ 施林刚在经济联合社上班

以用苗家语言向群众讲解产品质量监测的注意事项，确保监测过关，帮助农户卖出好价钱。

因为才回来一年，所以我也没干出什么特别大的成绩。未来，我计划和施康合伙做直播，帮助村民销售十八洞村腊肉、土蜂蜜、猕猴桃等农产品，然后再打造自己的品牌，为村里的经济发展贡献自己的力量。

施　仪

女，苗族，2003 年 11 月出生

十八洞村竹子寨村民，2022 年考上西北农林科技大学。

留守孩子读书考大学

口述：施　仪
整理：谭秀华　欧阳静

　　十八洞村的变化，可以讲是全国人民有目共睹、全体村民深受其惠。我曾经是那里的一名留守儿童。作为一名在校大学生，我目前的社会阅历不够，其他方面讲不深刻，又讲不完全，我主要想讲一下我的读书经历。因为我小时候是一名留守儿童，在十八洞村启蒙读书，中途转学，初中又返乡读书，经过了一系列的变化，个人感触比较深刻。

　　我也不清楚我的爸爸妈妈是什么时候出去打工的，记忆中在竹子寨的童年岁月，都是和爷爷奶奶一起度过的。脑海中记忆最深的一件事，就是我的妈妈抱着我哭的那一幕。3岁左右，我和小伙伴们在家里正玩得起劲，看见家里来了几个人。在村里，大家相互走动走动，坐在一起聊聊天都是很正常的事情。所以家里来人，我也不觉得有什么奇怪。我的爷爷奶奶把我叫了过去，说："你妈妈回来了。"当时我一直都是和爷爷奶奶一起生活，根本就没有"妈妈"这个概念。那时候，又不能像现在这样可以视频，妈妈长什么样我都不知道。我没有理会爷爷奶奶，继续和小伙伴玩去了。爷爷又把我拉过去，说："快叫妈妈啊！"我只是抬头看了看，呆呆地对妈妈看了又看，还是没有叫。爷爷奶奶说："这孩子今天是不是变'傻'了？"妈妈看见我穿得邋里邋遢、头发蓬松，一张小脸像没洗过一样，乌黑乌黑的，一双大眼睛胆怯地看着她，她突然抱着我，呜呜地哭了起来……

2009年，我到了上小学的年龄，就在十八洞小学启蒙读书。现在的十八洞小学，和我们那个时候相比，已经是好了不知道多少倍了，无论是师资力量还是基础设施都有了质的飞跃。以前，学校只有一个老师，要同时教学前班、一年级和二年级。我印象最深刻的就是我们三个年级同时上课，但是只有两间教室。老师就会把学前班和一年级的学生放在大一点的教室里面上课，把二年级的学生放在另一个教室上课。老师给学前班和一年级的学生上会儿课以后，布置作业让同学们写，然后又跑到另一个教室给二年级的学生上课。每当这个时候，我们教室的学生就会趁着老师不在，跑出去玩耍。时不时还有学前班的小孩跑到二年级教室里面去，这个时候，老师又要出去把学生都喊回来。还有那时候是没有上下课铃的，都是老师用铁锤敲击一个铁板发出声响，来提醒我们上下课。现在想想，那时候老师也很不容易，面对这样艰苦的环境还一直坚守岗位。

在村里读书时，我也是跟爷爷奶奶一起生活。但爷爷奶奶每天都忙着下田种地，上山砍柴，打草喂猪，每天都有忙不完的活儿，很少有时间陪我。所以只要我一放学，就跑到我三姨家去找姐姐们玩，晚饭也在她家吃。三姨看见我天天放学后就是在外面玩泥巴，没人教我写作业、监督我学习，成天像个小"野人"一样没人管，她就给我的爸爸妈妈打电话说了我的情况，希望他们能把我带在身边。2010年，我读二年级的时候，爸爸妈妈把我接走去外地读书了。

2013年以后，村里的情况发生了质的改变。我虽然在外地读书，从新闻媒体和爸爸妈妈的口中，都可以感受到我们村正在发生可喜的变化。2014年春节回家，我发现我们寨子真的变了，路宽起来了，房子建起来了，村民富裕起来了。十八洞村的基础设施越来越完善，去排碧中学读书也不用像以前那样靠双腿走路，每天都有来回的车辆，还可以选择在校住宿。这里的教育条件也非常好，对贫困学生还有资助，村里陆陆续续也出了很多大学生。考虑到这些条件，我刚读完初中一年级，爸爸妈妈又给我转回来读书了。

无论是在学校读书还是在外面，只要你说自己是十八洞村的，就会成为最亮的"星"。在排碧中学读书时，老师告诉我："你们十八洞村可是'精准扶贫'首倡地，是习近平总书记到过的地方，你们要认真读书，可不能掉队哦，不然会影响十八洞村的形象啊！"所以，我读书期间虽有压力，但更多是骄傲，非常用功读书。转回排碧中学读书，我很快就适应了新的环境，经常考年级第一，并顺利考入了边城高级中学。

要说高中，我最难忘的就是新冠疫情防控期间封校在家上网课。要是在以前，这里没通网络，在家里也上不了网，我真的会急死。当时，家里实现了 Wi-Fi 全覆盖，上网课早就不是什么问题了。通过努力，我也终于考上了自己心仪的大学。

隆吉龙

男，苗族，1971 年 7 月出生
中共党员

十八洞村飞虫寨村民，曾任十八洞村村委会主任，现为花垣县十八洞苗家腊味农民专业合作社法定代表人，花垣县金惠隆种植农民专业合作社股东，十八洞村黄桃种植户。

种出致富"金果子"

口述：隆吉龙

整理：韩志强　刘亮晶

　　以前，有人开玩笑讲我是十八洞村走出大山闯世界的第一人。是不是第一人，我也不敢肯定。但是我很早就出去打工闯世界了。为什么要出去闯呢？是因为这个地方不好生活。到现在我都记得一件事，也是很愧疚的一件事。我读初中时，看见别人穿皮鞋，喜欢得不得了，好想买一双，就把这个愿望跟母亲讲了。母亲很疼我，她身上没有钱，但又想满足我的心愿，只好去砍竹子卖了换钱。我清楚记得她整整砍了5天，每天早早地出门，砍几根后再搬出去卖。最后，她到吉首给我买了一双皮鞋回来。皮鞋买回来后，其实我也舍不得穿，只有等过节才拿出来穿一两回。现在想到这个事，我都很后悔。那时候，村里又不通公路，我不晓得她是如何把竹子搬出去的。

　　初中毕业后，我就到广东打工，修路、挖山建房、搞装修、卖服装、跑运输，什么活儿都干过。跑运输，最多时一天能挣1000多元。2005年，我在广州成立了自己的运输队，又买了商品房，还娶了一个漂亮的媳妇，生了一个聪明伶俐的儿子，一家人终于变成了城里人。很快，我就把母亲接进

▲ 十八洞村种植黄桃助力乡亲们脱贫致富

城，想让没出过苗寨的老人过几天好日子。生活在大山里的母亲性格开朗，年轻时爱笑爱唱山歌。可是进城后，母亲却像变了一个人，总是郁郁寡欢，话越来越少。白天带孙子，她脸上还能见到一点点笑容。等到晚上孙子睡着了，她常常望着窗外的月亮发呆，非常想家。2011年年底的一天晚上，我刚回到家，就看见母亲趴在窗台上，望着遥远的星空和月亮，脸颊上还有两行没来得及擦干的泪水，脚下堆放着已经捆绑好的行李，我被眼前这一幕深深刺痛了。经过一番痛苦的挣扎，我终于做出了一生中最重要的决定：我要回乡。不久后，我便注销了在广州的公司，卖掉了广州的房子和车子，带着一家老小踏上了归途。回乡就是要干事，但做什么才能让父母不再辛苦，让父老乡亲早日过上好日子呢？在路上我一直在思考这个问题。下高铁后坐上长途汽车。在服务区休息时，我在水果摊上一眼就瞅见了我从没见过的一种桃，圆滚滚、金灿灿的。这是啥桃？卖桃的人回答说："黄桃。""多少钱一斤？""15块！"我当时便说："你这是卖金子哪！"卖黄桃的老板说："尝尝吧，不甜不要钱。"我咬了一口，真的很甜，从嘴里一直甜到心里。于是，我就买了一袋黄桃，并留下了他的联系方式，在车上就做起了黄桃梦，想着漫山遍野的黄桃如金子般在太阳下闪光发亮。我心里也在想，要不回村就发动乡亲们种黄桃，让黄桃成为脱贫桃！

十八洞村山多地少，人均耕地一亩。种粮食只够糊口，挣不到多余的钱；种西瓜和烟叶，成本高，也多挣不了几个钱。要是用这些地种黄桃多好啊！有了这个念头后，我便马不停蹄地考察了外地的黄桃种植基地。经过一番深思熟虑，我便瞄准了种黄桃搞产业的目标。回到家后，我就给乡亲们算了一笔账：如果种黄桃的话，3年能挂果，5年进入盛果期。一亩地种30株桃树，产果3000斤，能卖15000元，比种玉米多收入14600元，比种西瓜多收入1000元。更重要的是，我们的收益可持续10到15年，年年都有钱进到口袋里。当我把黄桃拿出来，分给乡亲们品尝时，个个都说甜！可我一说起种黄桃来，大家就都不出声了。我又用响亮的声音把账给大家算了一遍，大多数人还是不出声，跟着说要种的只有四家人！我愣住了。这是我没想到的！看到乡亲们沉默了很久，我说："这样吧，黄桃我是看准了的，我家有几亩地，我先种起来给大家当样子！现在我也只是提个想法，谁家愿意把地流转给我种黄桃，你的地里原来种的不管是什么东西，每亩纯收入是多少，我现在就把钱付给你们。"就这样，我自家的地，再加上村民愿意流转给我的地，我手里一下子就有了100亩地。当时，我拿出多年辛苦攒下的积蓄，该付钱的当场就付给了人家。我也联系了那个卖黄桃的人，亲自跑到他家地里去看，果然不虚，他的黄桃林成片成片的，长势喜人。我买了他的树苗，并认真请教了如何栽培。我在每棵树下都挖大深坑，浇上发酵了的牛粪、羊粪等农家肥，一棵树总共上了七八十斤吧。就这样，我早出晚归，坚持苦干。果然，黄桃大丰收，收入就有十几万，我也尝到了甜头。就这样，村里种黄桃的人多了，我就带头成立了合作社，为村民们提供种植服务，交流种植技术。比如，怎么施肥，怎么剪枝，怎么打药，一起采购农药，一起商量如何寻找更多的销售渠道……全村的黄桃种植面积达到了300多亩，村民们喜气洋洋，个个笑如黄桃，通过种植黄桃实现了产业致富。2017年十八洞村人均收入首破万元。

后来，村委会进行换届选举，乡亲们说，你在外面跑了那么多年，见得比我们多，相信你有当村主任的能力。带领大家种黄桃就是个例子，有目共睹，眼见为实，最终我全票当上了村主任。我想，我这个村主任，不能白当，我和其他村干部要带领十八洞村的乡亲做实事。就像种黄桃一样，要脚踏实地，好好栽种和管理，才能开花结果。在这期间，我把连接飞虫寨和当戎寨的路修通了。虽然这条路只有几百米，但是乡亲们都不愿意修这段路，他们想着修路既要占他们自己的地方，还没有什么用处，于是我就挨家挨户地做乡亲们的工作，和他们解释修这段路对于十八洞村发展的重要性和意义，最终乡亲们都举手通过，支持修这条路。这条路修通后，十八洞村的交通越来越方便，黄桃也越来越容易销售出去，也卖得越来越好，逐渐变成了乡亲们脱贫致富的"金果子"。

龙金彪

男，苗族，1992 年 4 月出生

　　十八洞村竹子寨村民，原建档立卡贫困户，现为十八洞村经济联合社副理事长。

从立志出山到决然返乡

口述：龙金彪

整理：谭秀华　李安琪

　　我是返乡创业人员。老婆在村里旅游公司当导游，也是县里的人大代表。我们有一个女儿，2023年女儿9岁了。我现在在村里主要是干两件事，一是和龙先兰一起养蜂，二是帮忙经营村经济联合社。

　　从懂事起，我的梦想就是离开十八洞村，走出大山讨生活。2013年以前，我估计我们村的绝大部分年轻人都有我这种想法。有这个想法，并不是因为我们不爱自己的家乡，而是在这里穷怕了，生活得太艰难了。也就是因为穷，以前村里乡亲之间为争一点院坝、土坎等都会吵起来，争吵声不断。

　　我从小在这个山包包上长大，我们"90后"的生活环境是怎样的呢？我记得那会儿公路还没有通，我们走到村口，听到远处传来的喇叭声，回来就到处炫耀，和伙伴们说："嗨！你知道吗？我今天听到车喇叭声了。"你们绝对想不到这也是可以炫耀的资本。村里只要来一个陌生人，大家可以从村头议论到村尾，猜测是谁家的亲戚来了。那会儿包括我在内的小孩儿对山的外面都有一种好奇心，大家都想出去闯荡一下，见识一下外面的精彩世界。还有当时我们村的卫生环境不怎么好。那会儿每家每户都爱养一点儿鸡、鸭、牛、羊、猪……我们这里也没有建篱笆的习惯，家禽都是散养的。之前村里的路都是泥巴路，人走这条道，家禽也走这条道。要是下起雨来，泥巴和家禽的粪便混在一起，踩一脚粪便自己都不知道。后来，从学校一毕业，我就跟着村里的年轻人去浙江台州打工了。在那里当学徒，出师以后，我一个月可以挣一万元左右，那会儿也挺稳定。就是在浙江打工的时候认识了我老婆，我们一起在外面奋斗，都做好定居浙江的准备了。

转折点出现在 2016 年 9 月底，因为村里边有老人走了（去世），我回来送老人最后一程。我记得很清楚，当时我拖着行李箱下车，就顺手把刚抽完的烟头扔在了地上。这个时候有人过来跟我说，这里不能乱丢垃圾，要丢到垃圾桶里。我当时还没有反应过来，愣了两秒，搞得我很不好意思，赶紧捡起来丢进了垃圾桶。我拖着行李回家，发现到处都是青石板路，村里干净得很，根本看不到垃圾，那种干净是从来没有过的。那时候我就觉得好像真的有什么东西变得不一样了。2016 年那会儿，游客比较多了，村民的见识也广了。后来，我在村里转了一圈，看到了村里的变化，有开餐馆的，有搞民宿的，有当导游的，等等，大家干得红红火火。看着这些变化，我突然觉得我们村到处有商机，于是就萌生出返乡创业的想法。

做了两个月的思想斗争，2016 年年底，我卖掉了所有家电，决然返乡，计划在村里干一番事业。其实当时就只想着回来，只有这个劲，回来具体干些什么，我也不知道。那个时候村里刚好在搞建设，我就跟着做些小工，补贴一下平时的生活费用。刚好那会儿龙先兰在养蜂，我就去找他，问他养蜂能不能行。他说这个还得看你自己，如果你很懒的话就养不好。我一想，那这个事情可以搞，于是我就跟着他学养蜂。养蜂确实不容易，偷不得懒。我们养的是土蜂，土蜂产的蜜好。最多的时候我养了 40 多箱蜂，产量最高的时候，一箱能产蜜 10—15 斤。这种土蜂蜜是很有市场的，可以卖到 180—200 元一斤，像我们只卖 150 元一斤，主要是做一些老客户。后来，村委会成立了供销合作社，村民觉得我作为年轻人有见识，平日又爱和村民们打交道，就把我推选为合作社理事会成员。我的主要职责是负责合作社里产品的宣传和销售，合作社里有什么事情我就过去帮帮忙，一个月也能挣三四千元，生意好的时候还有提成。在合作社工作也挺忙，每天都有事情要处理，我就想着得好好干，不能辜负大家的信任，就把工作重心转移到了合作社那边。我现在只在家里附近的山上养十几箱蜂，靠这十几箱蜂一年也可以赚个几万块。我老婆当导游也很厉害，大家还选她当县里的人大代表，上级领导来参观学习，都是她解说。现在，全家的收入一点儿也不比以前打工时低。

我上次回来，看见我家和邻居家中间有一堵墙，来往很不方便，我们两家一商量就把墙推了，既宽敞又方便。这要是搁以前谁敢动这堵墙，肯定是要吵架的。

现在想想，大家的思想变化真的太大了。为什么会变？我觉得关键是大家的生活变得越来越好了。

姚六菊

女，土家族，1975 年 9 月出生
中共党员

　　凤凰县水打田乡袍上村麻都湾人。曾任凤凰县妇联副主席，辞职后创办湘西蜡的世界蜡染有限责任公司、湘西翠翠文化旅游有限责任公司等。

把自己的"铁饭碗"变成群众的"金饭碗"

口述：姚六菊

整理：郭　维　朱永炀

我以前是公务员，2019 年辞去了自己的"铁饭碗"，在凤凰县创立了湘西蜡的世界蜡染有限责任公司；2023 年 3 月来到十八洞村竹子寨，开设了花垣县蜡的世界非遗蜡染扎染体验馆（目前已改成十八洞蜡的世界非遗蜡染扎染体验馆）。

我很喜欢蜡染，从小就跟着长辈们在家里做蜡染。后来在单位上班的时候也不断地和制作蜡染的人群接触，我心里一直对蜡染无法忘怀。刚好那时，政府正在提倡"大众创业、万众创新"，这让我很受启发和鼓舞，让我不断想起我最喜欢的蜡染。所以在 2016 年，我在北京服装学院进行了为期一个月的紧张而又充实的研修学习。从那以后，我感觉自己仿佛找到了沉淀心底多年的梦想。后来，2019 年我主动打破自己的"铁饭碗"，辞去了体制内的工作。讲实话，辞职后，我有很大的思想压力，能不能创业成功还是个未知数。但怕归怕，既然跳出来了就要去闯一闯、搏一搏。抱着这样的想法，

▲　湘西特色产品——蜡染服饰展示

根据自己的实际情况，我在凤凰县的凤凰之窗文化旅游产业园成立了湘西蜡的世界蜡染有限责任公司。除了做出好看的扎染、蜡染的布料进行销售以外，我还开始将蜡染项目与精准扶贫政策结合起来，将建档立卡贫困户招进工坊，培训妇女学习蜡染、扎染技术，拉动了经济效益的同时，也让许多留在家里的农村妇女在家门口实现了就业。我还开设了蜡染、扎染培训班，坚持使用纯天然植物染料马蓝进行蜡染制作，免费为筸子坪镇欧阳村 30 户建档立卡贫困户提供 60 万株板蓝根苗木，培训建档立卡贫困户，主动给附近村民传授技能，并签订保底收购协议，与培训合格人员签订劳动合同，带动当地村民发展手工业致富，间接带动了 100 多人就业。

带着这样的想法，我来到了十八洞村，希望在这里能够实现我的新规划、新梦想。2013 年，习近平总书记来到了这里，也是在这里总书记第一次提出了精准扶贫的重要理念。十年后，我也来到了这里，对这里也抱有无限的崇敬和无限的好奇。经过一段时间的走访，我发现，十八洞村竹子寨的气候宜人，土壤肥沃，很适合种植南板蓝根，这样就可以在这里建起一个蜡染、扎染工厂，不仅可以通过种植南板蓝根提取纯天然植物染料——马蓝进行蜡染制作，还可以通过培训和学习带动村里的妇女创业，解决留在家里无法外出工作的妈妈（女同胞）的就业问题，正好一举两得！我以前在妇联就是做这个工作的，在这方面我比较有经验。与此同时，在十八洞村考察期间，我还发现十八洞村是一个进行红色教育的好地方，每年都有很多学生来这里参观学习，而十八洞村并没有人会做蜡染、扎染，本着想要让年青一代能够在十八洞村学习到红色文化的同时，也可以更加清楚地了解和学习蜡染、扎染这一非遗文化，我决心扎根竹子寨，用"党建＋研学"的理念，在这里做出来一个"蜡染世家"。于是 2023 年 5 月，我在竹子寨租用了一间房子，成立了花垣县蜡的世界非遗蜡染扎染体验馆（目前已改成十八洞蜡的世界非遗蜡染扎染体验馆）。

关于以后，我主要有三个规划：一是希望能够与当地的老百姓融合在一起，传授给他们蜡染、扎染技艺，带动留在村子里的妇女就业。我可以通过直播把产品销售出去。目前，我已经开通了"湘西蜡染门户电子商务有限公司""蜡的世界旗舰店""蜡染星辰"三个直播间。二是通过发展特色农业，助力乡村振兴。带动群众种植南板蓝根，我们的收购价是 7 毛钱一斤，这个产量很好，可以帮助每个农户增收 6000 多元。三是我希望通过"红色＋蓝色""党建＋研学"，把民族文化与红色文化融合起来，让下一代人能更好地了解非遗产品，让非遗产品融入百姓日常生活。经过我了解，每年都有大批学生和党员干部来这里开展研学，为"红色＋蓝色""党建＋研学"模式提供了很好的经验。

我希望通过努力，把自己的"铁饭碗"变成群众的"金饭碗"。

蒲力涛

男，苗族，1990 年 9 月出生
中共党员

花垣县双龙镇马鞍村人，2013 年毕业于湖南第一师范学院，现为十八洞小学校长兼教师。2022 年，获评"全国美丽青年乡村教师"。

开通千里之外的名校课堂

口述：蒲力涛
整理：刘亮晶　韩志强

　　花垣县十八洞小学只有两个年级、两个班和两位老师。两位老师就是我和我的爱人，所以大家也开玩笑说，我这个校长不但管所有的老师和学生，连家人都一起管了。

　　2018年9月，出于对十八洞村的向往，我从双龙镇中心校主动请缨，申请到十八洞小学教书。来这里之前，我感觉还是很有压力的。十八洞村是习近平总书记精准扶贫重要理念的首倡地，是全国人民目光聚焦的地方。在十八洞村座谈会上，习近平总书记强调："要切实办好农村义务教育，让农村下一代掌握更多知识和技能。"所以，在十八洞村教育好学生，不仅是教师的工作职责，也是一名党员的政治责任。其实，我也是正规师范院校毕业的本科生，有高中教师资格证，教小学一、二年级肯定没问题。

　　来这里后，我首先和退休的施桂海老教师了解小学的相关情况。2013年以前，学校的条件很差，学校还没有围墙，操场也没硬化，只有一条简易的水泥路通到教室门口。学校屋顶的瓦片透着光，雨下大了就排水不畅，这儿漏那儿漏的，根本无法上课。唯一的一名教师就是施老师，施老师属于"全能型"教师，语文、数学、音乐、美术全都教。由于办学条件差，稍微有条件的家庭就想办法把孩子转到中心小学或者县城读书去了，学校只剩七八个学生。2013年，县财政拨款对教学楼进行了改造。2014年，县里又投入127万余元，启动合格村片小建设，学校修葺一新，办学条件得到全面改善，校园文化建设、教学设备设施等方面焕然一新。2016年，学校配备了信息化设备，还安装了网络联校设备。三年不到，学校有了第一间图书室、第一间文体室、第一间多媒体教室。在硬件上，十八洞小学和城里的小学达到了同一水平。

在这里，我也遇到过困惑。我是科班出身的数学教师，我爱人是幼师专业毕业的，我们教语文、数学肯定没问题，但教音乐、美术就相当吃力，孩子们也总是提不起兴趣。为解决这个问题，提升学生们的综合素养，我就利用学校的网络联校设备与中心校进行连接，只要中心校有一、二年级的音乐、美术、自然常识教研优质课，我就会打开网络联校设备，让孩子们与中心校的学生同上一堂课，这极大地提高了孩子们的学习兴趣，同时网络联校也解决了音乐、美术等课程的短板。平常我也经常会和城里的小学对接，让孩子们也能享受到城市名师课堂。利用网络设备，与外界学校实现同步教学，这能够让孩子们接受更优质的教学，现在所有困难都一一解决了。

2019年1月，我带领十八洞小学的孩子们登上省级舞台，孩子们表演的节目《水车童谣》获得了省级一等奖。2020年国庆节前夕，应北京朝阳实验小学邀请，我带领孩子们到北京开展研学活动，游故宫、登长城，这些活动让大山深处的孩子走出了十八洞村，走出了湘西，走出了湖南，看到了外面的世界。2021年六一儿童节期间，我带孩子们来到央视展播厅，为全国观众演唱了《春天在哪里》。

▲ 蒲力涛与学生在一起

由于我和爱人都住在学校，所以每到学校暑假的时候，我就去家访，了解学生的家里情况。这几年来，随着办学条件的改善，可能也是因为家长对我的信任，又出现了学生"回流"现象，一些家长把孩子又送回十八洞小学读书，最多时学校有 20 多个学生。

现在，十八洞小学的网络联校设备已与山东潍坊未来实验学校、长沙芙蓉育英小学、北京朝阳实验小学等知名学校实现网络相连，打通了地域的阻隔，打通了课堂通往千里之外的世界的路径。虽然十八洞小学处在偏远的山村，但是通过网络联校设备，学生能与城里的孩子同上一堂课，即便是远在千里之外的北京、青岛这些大城市，我们的孩子也可以同当地的学生一起享受名师的优质学习资源，孩子们的听、说、读、写等各方面的技能和素质都得到了锻炼和提高，由此十八洞小学的教育水平实现了质的飞跃。

2023 年秋季开学，又有一批孩子走出十八洞村。我希望他们将来都能学有所成、都能有出息，做一个富有正能量的人，感恩社会、回报家乡。

龙春妹

女，苗族，2000年4月出生

　　十八洞村竹子寨人，原建档立卡贫困户，吉首大学定向师
范生。

从被助者成为育人者

口述：龙春妹

整理：郭　维　代尚锐

我2023年毕业于吉首大学，岗位待分配，是一名准教师。经过多年的努力，我也从过去被国家、社会关怀的被助者，即将变成站在三尺讲台的育人者。

"读书是改变命运最好的途径"，这是父母对我讲得最多的一句话。但是以前，在我们这里读书也是一件很艰难的事情。我印象最深刻的就是因为离学校很远，我们每天都要半夜起床去上学。十八洞小学只有一、二年级，所以我们在三年级以后，就要到镇上去读了。有一天，我睡得迷迷糊糊的，一睁眼突然看见外面亮了，月亮也出来了。那个时候穷，也没有闹钟、手表，我估摸着应该是早上五六点了。我赶忙去叫寨子里的另外一个小伙伴一起去上学——那个时候我们都是相互邀伴，一个人根本不敢去上学。我的那个小伙伴看我叫得这么急，她也没多想，稀里糊涂地收拾书包就往学校跑。我们两个在路上一直走一直走，但是天还没亮。路上黑漆漆的，还经常听到鸟叫，怪吓人的，我们就一边走一边聊天，实际上也是给自己壮胆。等我们走到国道的时候，天都还没亮，这时候，我们也猜到了可能是弄错时间了。到了国道上，车就变多了，车子"呼"的一声从我们身边一闪而过，我们很怕被车子撞到。突然，小伙伴说："会不会有人把我俩拐走啊？"她这么一说，我们俩更加害怕了。刚好，我的嘎婆（外婆）家就在国道旁边，我们就坐在嘎婆屋里等到天亮才走。

读书的过程虽然很艰苦，但是政府对我们也非常关心关爱。2013年以后，精准扶贫政策开始向我们这样的贫困家庭倾斜，在读书上，也给了我们三姐弟很大的帮助。我家里负担比较重，三姐弟都需要读书，父母也没有外出挣钱。在这样的条件下，经过精准识别，我家被纳入了建档立卡户。父亲继续被聘为村里的护林员，平常护林时，还能兼顾家里的农活儿，当护林员一年有万把块钱的补助。母亲也可以做点农活补贴家用。还有作为贫困户学生的我们，读书的话，每学期会有1000多块钱的补助。当然，这个补助的标准会根据小学、初中和高中等不同的年级进行相应调整。有了这些帮扶政策，我们读书不用愁了，也坚定了继续读书的信心。

不仅是政府，社会各界人士对我们这些贫困学子也非常关心关爱，经常会有爱心人士来十八洞村或者学校资助我们。我印象最深刻的一件事，就是2016年的一次捐款活动。当时，一批爱心人士在十八洞村组织了一场捐赠仪式。有一位叔叔捐给我很多学习用品，他还拍着我的肩膀说："好好读书，你可以学到很多的知识。你虽然没有去过外面，但在书本上你可以了解外面精彩的世界，可以感受到不同的人生。等你学到知识考上大学了，你不仅可以改变自己的命运，还可以帮助更多的人改变命运。"他的这番话对我触动很大。以前我很少考虑这些，只觉得读书就是学生的本职。他这么一讲，原来我可以依靠读书来提高能力，不单是被别人帮助，还可以帮助别人。并且，接受过政府和社会的帮助，我们也有义务去帮助别人。所以在读初中时，我非常用功读书，成绩也越来越好，甚至还多次考过年级第一名。初中毕业时，吉首大学师范学院与吉首大学联合面向全州初中毕业生招收六年制本科的师范生，毕业后就可以包分配，成为一名光荣的教师。我当时还是犹豫了一下，毕竟读高中考大学，一直都是农村孩子追逐的梦想。但是考虑到家庭条件，想到毕业后就能去从事自己喜欢的职业，成为一名老师，我也很动心。我可以用我的知识去帮助更多的人。把这个想法和老师沟通以后，我决定报考定向分配的师范生。经过激烈竞争，我被数学与应用数学专业录取了。

感党恩，育新人。作为贫困学子，我永远不会忘记党和政府及社会爱心人士对我们的关怀关心。在未来，我要将感恩的心化为努力工作的力量，做一名优秀的乡村数学教师，让我的学生感受到学习数学的乐趣，让他们学到更多的知识，看到更远的风景。

隆愿午

男，苗族，2003 年 11 月出生

　　花垣县双龙镇十八洞村飞虫寨人，原建档立卡贫困户，现就读于黑龙江工业学院智能制造工程专业。

励志考大学

口述：隆愿午
整理：欧阳静　韩志强

从我记事起，父母就告诉我，要想走出大山，只有两条路：要么出去打工，要么考上大学。要想打工轻松一点，也需要读书。那时，我们还小，也不懂得这些话的含义。当时虽然条件艰苦，但我还是很用功地读书。回想起当年上学的路，上学时的艰难，仍历历在目。泥泞不堪和尘土飞扬是我对儿时上学道路的印象，那是唯一一条可以走出村子的路。相比于雨天的泥泞和晴天的尘土，我印象最深刻的还是那条通往学校的田埂小路。每到下雨天，我就会变得小心翼翼，生怕因为走得快，摔得头破血流。我记得有一次下雨，为了赶时间去学校，没留神，一个劲儿地往前走，突然扑通一声，我狠狠地摔了一下，屁股摔得都是伤，痛得我几天都不能坐板凳。不仅如此，除去上学时的路难走，我还要在上学的路上防备蛇的突袭，因为这条田埂小路上杂草丛生，经常会有蛇出现。那时候家里条件差，每到冬天，穿得很单薄，路上还经常都是水坑，走在上学的路上，我手里还会拿着一个小火炉，书包里装一些木炭，为的就是到学校可以让冰冷的身体暖和一下。

生活拮据是当时村子里的普遍情况。小时候我们家很穷，我一年都穿不上一件新衣服。父母为了养活这一大家子，便出去打工，留下我和奶奶在一起生活。每次父母打工回来，都会和我讲："你要努力读书，只有好好学习，考上大学，你才能走出大山，改变命运。"在父母的影响下，我在心中定下了一个目标，我要努力读书，考上大学，改变自己的命运。这也是当时我生活中唯一的信念和追求。在学校，虽然我成绩不是特别优秀，但是我一直很努力。在即将初中毕业时，我尝试报考了湘西地区免费的师范院校（现吉首大学师范学院），这样可以节约一大笔学费，为父母减轻负担，毕业了可以直接安排工作。尽管很努力，我最终还是没考上心仪的那个学校。这次失败，对我还是一次不小的打击。我也在想，我到底是否适合学习？未来，我到底适合干什么？这些想法一直萦绕在我的脑海。

　　2013年以后，我们村一天一个样地变化着。我的家乡已不是从前贫穷落后的模样，而是全国闻名的"精准扶贫"首倡地。在精准扶贫政策的指引下，家家户户根据自己的实际情况搞产业、谋发展，呈现出一派生机勃勃的景象。弯弯曲曲的小道铺上了青石板；道路逐渐拓宽了，水泥路也都换成了柏油路；村子里装上了路灯，夜晚再也不是黑乎乎的了；每家每户也用上了干净的自来水；大家挣钱的方式也变得多元化，不再是只有出去打工这一条路了。这时的我已经开始懂事了，有了自己的世界观和人生观，读书要走出大山，学了知识也可以回到大山建设家乡啊！想起十八洞村从贫穷到富裕这个艰难的过程，想起十八洞村的社会关注度，慢慢地，支撑我读书的信念更加坚定。作为一名十八洞村人，我不能轻易言败、轻易放弃，而要不惧困难，敢于迎难而上。

　　最终，我选择了读高中。在高中三年的学习过程中，我也遇到过很多困难，毕竟我的学习基础不是太好。尽管我很努力，但也经常有考得差的时候，这时我便会想到父母辛辛苦苦供我读书，我却不能考出很好的成绩，就会有很重的思想包袱，甚至有过放弃读书去打工的念头。但是，一想到我是十八洞村人，社会上对我们的关注度那么高，我也应该像我们村一样不惧困难，最终找到一条成功的路径，实现凤凰涅槃。终于，经过高中三年的日夜奋斗，靠着"我是十八洞村人，不能轻易言败"的信念支撑我努力学习，最终，我也过了本科线，被黑龙江工业学院录取，还选了一个自己喜欢的专业——智能制造工程。

经过奋斗，我实现了我的大学梦，家庭条件也越来越好。随着知识的增加、眼界的开阔，我深知在以后的学习中，我应该更加刻苦努力，不断追求更高的人生理想。最后，祝福十八洞村越来越多的有志青年考上大学，以感恩的心报效祖国、建设家乡。

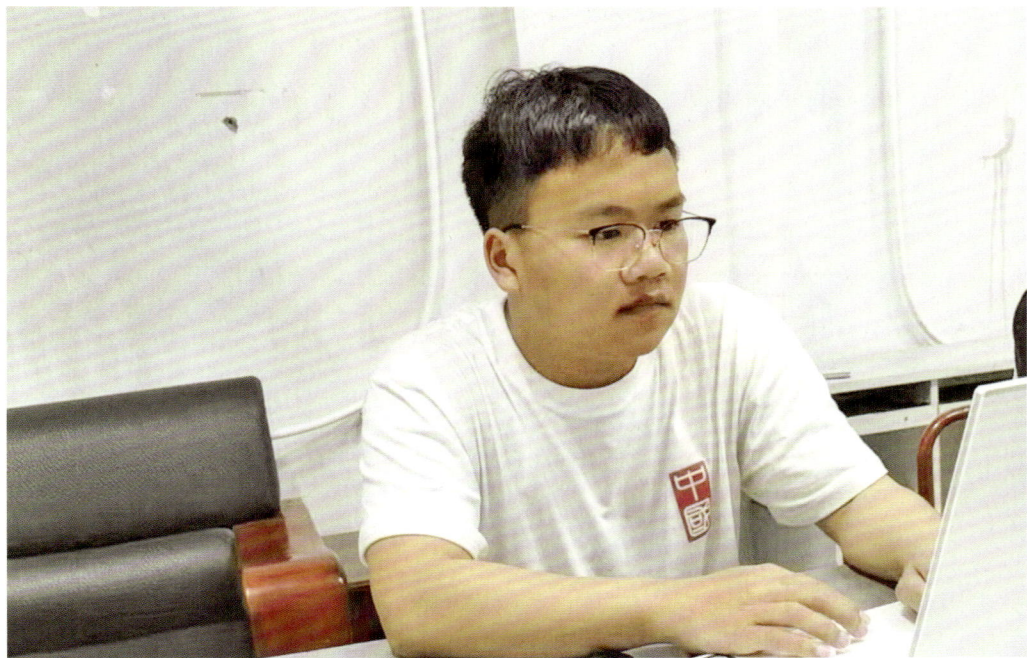

▲　龙愿午在学校学习

第三章

春风桃李

首倡地

脱贫之路

产业发展是精准扶贫的重中之重。经过十年的探索发展，十八洞村形成了乡村旅游、猕猴桃种植、苗绣、山泉水加工、劳务输出等多个产业。同时，十八洞村立足丰富的红色文化资源和休闲农业发展优势、传统苗寨风貌和特色民俗文化活动，走出了一条以红色旅游为核心，集红色教育、研学旅游、餐饮文创、农俗体验、农业观光等于一体的高质量发展新路子。村集体经济从过去的空白增长至 2022 年收入 380 万元。在精准扶贫重要理念的照耀下，十八洞村各项产业百花齐放。

龙先兰

男，苗族，1987 年 6 月出生

十八洞村竹子寨村民，花垣金兰十八洞蜜蜂养殖有限责任公司董事长。龙先兰从"酒瘾子"（酒鬼）到"蜂王"的励志故事先后被《人民日报》、中央电视台、《湖南日报》、湖南卫视等媒体报道。龙先兰先后 8 次登上中央电视台和湖南卫视的大舞台，并 3 次参加湖南春晚的现场互动、星光大道嘉年华的春晚互动等，成为中国脱贫致富的先进典型。

从"酒癫子"到"蜂王"

口述：龙先兰
整理：李安琪　代尚锐

　　每次回忆以前，我都很心痛，屋里4个人，只剩下我1人了。小时候，因为家里穷，我阿贾喜欢喝酒解闷，并且经常喝烂酒（酗酒），酒后就打骂阿娘（母亲），我阿娘无法忍受就改嫁了。我小学才毕业就帮阿贾种苞谷、打谷子。这样的日子才过了一年，我阿贾害（生）了一场大病没在了（过世）。在亲戚朋友的帮助下，我照顾起了妹妹，两个人相依为命。可在我16岁那年，我唯一的亲人——9岁的妹妹因为一场意外，永远地离开了我，一大家子只剩下我一个人。我不晓得将来能干什么，对生活失去了希望。

　　那种孤独和对未来的无助，让我害怕和恐惧，我想自己过一天是一天算了。可能是受父亲的影响，我不知不觉喜欢上了喝酒。喝酒之后可以不用想事，心里感觉畅快舒服。就这样，我常常醉在马路上，倒在水沟边，自己麻醉自己。我们一个寨子都是一个家屋堂（家族）的，他们都劝我好好干，要好好生活。我当时根本没听这些，觉得种点稻田、苞谷又不能发财，打工又没文化又没技术。慢慢地，村里的叔叔伯伯、阿公阿婆（爷爷奶奶）见我都

▲　龙先兰和女儿在一起

　　摆脑壳了（失望），恨铁不成钢，讲我是"酒癫子"。其实，我也想变好，也不想这么一直"醉"下去。"浪子回头"讲起来很容易，做起来却很难。我之所以能够变好，最关键的一点应该是看到了生活的希望和致富的机会。

　　2013 年 11 月 3 日，习近平总书记来十八洞村考察后，花垣县组建了扶

贫工作队进驻我们十八洞村。这个时间点，我当时也没想到会是我这辈子命运转变的关键时刻。那一年，我26岁，在农村属于大龄男青年，稍微耽误一下，就可能一辈子打光棍儿，再加上"酒癫子"的大名，我就成了他们（扶贫工作队）的重点关注对象。工作队找了我好几次，问我对以后的打算，就不想成家娶个老婆？一开始，我对他们有抵触情绪，觉得他们就是"站着说话不腰疼"，有一次喝酒后还闯过会场。但是，工作队并没有看小（看不起）我。扶贫工作队队长龙秀林请我吃了一次饭，把我当亲兄弟对待，还把我带回老家与他的父母、兄弟姐妹相识。慢慢地，我感动了，失去亲人的我找到了家的温暖，感觉到这个世界上还是有很多人关心我的，真要是打一辈子光棍儿，那太对不起过世的阿贾了。

其实，我有手有脚，头脑也不笨，我也想做些事。秀林大哥和我商量，想让我发展特色种植业或养殖业。当时，我们想到十八洞山高林密、花草众多、蜜源丰富，以前这里有人养过蜜蜂，蜂蜜的价格越来越高，加上又有十八洞的品牌效应，应该有很大的发展空间，所以就打算发展养蜂业。有了这个想法后，工作队就安排我到农校学习养殖技术。秀林大哥还帮我牵线，跟着一个外地大户学习养蜂技术，进行实战"训练"，又帮助我办理贷款，启动养蜂业。我起早贪黑，用心养蜂。第一年靠卖蜂蜜赚了5000元，这也是我人生赚的第一桶金。尝到甜头后，我坚定了把养蜂产业做大的想法。经过几年的打拼，我积累了养蜂的经验。蜂蜜的销路很好，市场空间很大，我的养蜂规模也越来越大。2018年8月，我成立了花垣金兰十八洞蜜蜂养殖有限责任公司，12月入驻湘西国家农业科技园区。我富起来了，但是我没有忘记那些还没有富裕起来的人，我主动带动建档立卡贫困户118户562人发展养蜂产业。2021年，生产和销售蜂蜜10000多斤，产值达150万元。2020年年初，我又投资100万元在十八洞大峡谷开发了"十八洞亲子游乐谷"项目。游乐谷主要经营农家乐、烧烤、露营等，营业效果很好，提供了30个固定工作岗位及50个临时工作岗位，聘请的都是本村贫困户中没有工作的年轻人。现在，村民不再喊我"酒癫子"，帮我取了一个外号，叫"蜂王"。

我家里的变化那就更大了，再也不用担心打一辈子光棍儿了。2017年1月，我这个有名的"酒癫子"终于娶上了媳妇，娶了邻村姑娘吴满金，不仅脱了贫也脱了单。2019年，我又到县城买了一套房，还买了一辆吉普车。2020年，作为基层组织人才定向培养对象，我成了湖南网络工程职业学院旅游管理专业的学生，33岁的我圆了大学梦。2020年3月，我女儿出生了。秀林大哥给我女儿取名龙思恩，意思就是要饮水思源、不忘党的恩情，不忘习近平总书记的恩情。

现在生活好了，自己还年轻，我要借十八洞村的"东风"把事业做得更大。我有四个规划：一是想做大做强三个基地，就是川河盖基地、紫霞湖基地和十八洞基地，三个基地基本蜂群发展到1000箱，保底收入100万元；二是计划到湘西国家农业科技园区发展蜂蜜与美容康养相结合的产业；三是积极参与乡村振兴建设，继续带领村民致富，带动养蜂散户 1000 户，发展蜂群 3000 箱；四是与快手、抖音平台合作，打造个人创业账号"十八洞蜂哥"，通过拍摄和发布自己的创业故事，直播公司的创业现场，力争吸粉过100 万人，打造好原生态蜂蜜的供应平台，把十八洞村好的农产品销售到全国各地。

杨正邦

男，苗族，1978 年 4 月出生
中共党员

十八洞村梨子寨村民，原建档立卡贫困户，现经营十八洞村阿雅民宿。

从拖拉机到小轿车的梦想

口述：杨正邦
整理：郭　维　刘亮晶

我经营的阿雅民宿，平时可以给游客提供住宿和做简单的农家菜。

我记到小时候我们的日子过得很艰难，梨子寨在山顶上，人多地少，种田的收成就是看老天爷高不高兴了。当时进寨子也没有一条宽敞的路，里面的人难出去，外面的人难进来。作为山里娃，我就是想快点儿长大，这样就可以出去做事赚钱，压根儿就没有通过读书改变命运的想法。所以，我初中一毕业就去沈阳开搅拌机，还做过水工。2000 年左右，寨子里组织大家修路，我当时是非常赞成的。我们在外面打工，就知道修路的重要性。要想富，先修路，这是很有道理的。我当时 20 岁左右，也去修路了。那时候修路，没有现在这么多机械帮忙，我们是一年年咬着牙修，肩挑背扛，用板车拖泥巴、石头。像我们打工回来的，干一天，手都会磨出血泡。大家千辛万苦，终于修出了一条能走人、能跑车的砂子路。路修通后，我当时最大的梦想就是有一台衡阳生产的拖拉机，既能拉人还能拉货，好有气势！有了拖拉机，也就可以赚钱养家，也不用像干农活儿那么苦了。那个时候，我舅公（妈妈的舅舅）就有一台手扶拖拉机，我老是围着那台拖拉机转圈，摸摸这儿摸摸那儿，常常坐在后面的拖厢里，非常喜欢它。我舅公讲，只要我学会开拖拉机，就把它送给我。我心里虽然想要，但还是想着自己要攒劲儿做事，正儿八经地买一台拖拉机。后来，由于一直在外面打工，买拖拉机就只能是一个梦想了。

2013 年，我还在浙江宁波的移动公司里修信号塔，听寨子里的人讲，习近平总书记来了我们梨子寨，我是既惊讶又激动啊，我知道村子里肯定要发生大变化了。我已经在外闯荡很多年了，从读书少文化水平低、做最苦最难的工作到成为半个"能人"，每月收入从开始的七八百块到后来的六七千块。我看到了外面日新月异的世界，所以离家在外的日子里就常想，什么时候也能回家去创业？什么时候我们那里也能迎来一天一个变化的发展呢？从寨子里很多人的口中，我得知总书记来了之后的几年，我们那里很热闹，好多人都过上了好日子。我纠结了好久，思考了好久，终于还是在 2018 年，趁着老婆送小儿子回老家读书的机会，回到了梨子寨。

回来时，我看见寨子里已经发生了翻天覆地的变化。那条弯弯绕绕的砂子路已经硬化，还加宽了，加上了护栏。寨子里家家户户也不再是过着靠天吃饭的生活，每天来了一拨又一拨的游客。大家都很好奇，想知道总书记来过的十八洞究竟长什么样子，想在这里过夜的人连睡地铺也愿意。游客多了，商机就来了，所以有人在自家屋里开起了农家乐，开起了小饭馆。我在旁边看着很是心动，可是我还是很纠结：我要回来吗？我要真的回来了，那我能做什么呢？这个时候扶贫工作组的人来到了我屋里，坐下来与我聊天，他们说我的房子位置好，要是开个店，游客们在寨子口一下车一抬头就能看到我家的招牌，开个饭馆肯定能赚钱。听了这些话，我心里很高兴，可是并不自信，心想人家游客大老远地来了，会愿意吃山里的农家菜吗？我没有很大的信心，和工作组说出了我的顾虑。工作组的干部很理解我的心情，说可以提供统一的厨师培训，培训好了再上岗。这样一来，我心里也有底气了。在工作组的鼓励下，在经历了反复的纠结后，我一咬牙，把心一横，抱着试一试的心态翻新了自家屋子，开了一家阿雅民宿。刚开业的时候我很不自信，每来一个游客吃我屋里的菜，他们付钱的时候我都会问问味道怎么样，有没有什么建议，出乎我意料的是大家都说味道还不错，时间久了我也就自信起来了。现在，我的民宿墙上挂满了我和名人的合照，他们很多人都到这里吃过饭、住过宿。《十八洞村的十八个故事》作者李迪老师也住过我这里。

今年（2023年），我已经45岁了，已经习惯了每天凌晨5点左右开始为屋里备菜。我的民宿提供一日三餐的服务，我是老板也是主厨。为了炒最新鲜的菜，每天晚上我都要开车到周边农户家收菜。这样的日子虽然忙碌，但是我很满足。很快暑假就来了，暑假是旅游旺季，2022年暑假我一天就要招待400多个客人，多的时候一天收入能有2000元，一个月收入过万不是问题了。

我与车有着特殊的情分，想买车，想开车，想有朝一日有一辆属于自己的车。当年买衡阳拖拉机的梦想没有实现，现在条件好了，手头宽裕了，就打算买一辆小轿车。2022年，我花了20多万元买了一辆SUV，终于圆了我的梦想，可以接送一下客人，也可以带点东西。

夜深人静的时候，我常想，我能够回到村里创业，在家门口赚钱，也圆了我的买车梦想，是我幸运，是我赶上了一个好时代。

石　妹

女，苗族，1990 年 2 月出生

花垣县双龙镇人，现经营十八洞村小乐菜馆。

从北京到十八洞村

口述：石　妹

整理：朱永炀　韩志强

　　我现在在梨子寨开餐馆接待游客。我是一位外来的餐馆经营户，但我觉得自己是十八洞村的"荣誉"村民，已经融入这里。

　　来十八洞村之前，我在北京打工，做点小生意。以前，不光是十八洞村，在我们村里年轻人都很流行打工。结婚没多久，我和老公就去北京打工了。初到北京的时候，我们在那里人生地不熟，没知识没技术，好不容易才找到一个工厂。打了几年的工，我们手里存了一些钱。后来，我们看到工厂附近卖小吃的生意很好，于是就商量不打工了，自己也搞个卖小吃的摊位，做点小生意。就这样，我们在北京做起了卖小吃的生意，平时我也会做些装饰品和丝织品，拿到市场上去卖，每个月有6000多元的收入。

　　2021年，眼看女儿就要上小学，需要我们教育，家里老人也需要我们照顾，长期在北京打工，也不是长久之计。老公就和我商量，要不留在家里做点小生意吧。去哪儿呢？我问。他打算在县城里（花垣县）搞个小吃摊，我留在家里照顾老人和孩子。我就说，先看一段时间吧，我也要找点事做，不能光待在家里啊！

　　精准扶贫的这几年，十八洞村发展很快啊，我们周边的村寨都来这里参观学习。一次偶然的机会，村里组织我们村民到十八洞村学习和参观。虽说我们都是一个镇的，但好多年没来这里，这个以前的穷沟沟竟然变得这么繁华了。我以前是做生意的，对这些来来往往的人是很敏感的。这里每天都有许多游客来参观，有本地的、外地的，甚至有国外的。而这里的餐馆基本上都是十八洞村村民开的，生意都很好。我想，我在北京搞过小吃，各种口味都会，麻的、辣的、甜的，还会搞早餐，在这里开餐馆，生意应该很好。再说，我家离这儿又不远，半个小时就到了，早上我可以送完孩子再来，晚上还可以回去辅导孩子学习。我想着，在这里开餐馆，对我这样的情况，是个天大的机遇呀。回去后，我把我的想法给老公讲了，建议不去花垣县城做小

▲　十八洞村民舞龙迎客

吃了，就在十八洞村搞个餐馆试一试。听了我的想法，我老公思考了几天后，又在十八洞村观察了几天。毕竟我们的积蓄，都是辛辛苦苦打工赚来的血汗钱，哪敢乱花啊。一次失败了，就又得出去打工了。经过反复的思考和观察，把各种问题都想了一遍，老公就同意了在十八洞村开餐馆的想法。我们有个亲戚在这里。和他商量以后，我们在这边租了房子，办理了相关手续，经营起了餐馆，取名为小乐菜馆。说实话，刚开始，每天都很紧张。主要是担心生意不好，万一搞砸了，辛辛苦苦赚来的血汗钱都得打水漂。没想到在十八洞村开餐馆的两年多里，我们的生意是越做越成功，越来越红火。我记得有一个游客问我，你以前是不是开过餐馆，是厨师啊，炒的菜很好吃，菜的样式又多。我说，以前在北京搞过小吃，现在回来创业。客人对我竖起了大拇指。得到客人表扬的时候，我们还是很开心的。淡季时，我和老公两个人就可以满足游客的吃饭需求。旺季时，餐馆的生意非常好，我们非常忙，还要请乡亲们来帮忙。平均每个月都能收入一万元左右。还有，我自己又熏腊肉卖，很多游客来这里都夸我这腊肉又好看又好吃。现在，除去房租和成本，一年下来赚个十几万元肯定不成问题。生意好了，手头逐渐宽裕了，我和老公商量后买了一辆小汽车。如今，我们每天早上开车来十八洞村上班，晚上开车回家照顾老人，陪伴女儿，每天都过得很开心，也很幸福。

作为外村人，我是沾了十八洞村的光。当然，我也把自己当作十八洞村的人，对外来的游客非常礼貌，和这里的村民一起维护好十八洞村的好形象。

龙　建

男，苗族，1985 年 10 月出生

十八洞村当戎寨村民，现为十八洞村思源餐厅主厨。

"炒"出来的幸福

口述：龙　建
整理：李安琪　朱永炀

　　我是餐厅主厨，我的妻子是十八洞村的导游，我有两个孩子，大儿子在上小学，小女儿在上幼儿园。

　　我的家是距离十八洞村村部最偏远的一户。在我的记忆里，家乡是翻不尽的大山和穷寨子。如果用一个字来形容过去的家乡，那就是"穷"。我还有弟弟妹妹，父亲身体不好，很难干重活儿，母亲一年辛辛苦苦也赚不了多少钱。当时，作为家里最大的孩子，我最大的理想就是给父母亲减轻负担，供弟弟妹妹读书。2002 年，我初中毕业，年仅 17 岁便离开家乡，开启了在外打工的生活。背井离乡的滋味并不好受，每到晚上睡觉的时候，我都非常想家，想家里的父母和弟弟妹妹。刚开始我是在花垣县城附近的矿山上，和比我大的叔叔伯伯一起做苦力。那时候打工很辛苦，每天上班时间很长，但工资却很少。因为只是初中毕业，文化水平不高，不会表达，和别人沟通时很吃亏。干来干去，都是苦力活儿，不会干技术活儿。我觉得还是要学一门技术，挣钱容易点，工作也轻松点。于是，我找到了在餐厅当学徒的机会。

我记得初学切菜时，每天练习练得我手都发抖，胳膊无力，有时候吃饭连筷子都拿不起来。这样辛苦一个月的工资也就只有 150 元，说是工资，其实是当学徒的生活补贴。好在我勤奋、肯吃苦，一步步从帮工做到了主厨，一个月下来有 4000 多块钱工资。

2013 年 11 月，习近平总书记到十八洞村后，这里发生了巨大变化，人气一下子就旺了起来，我看到了家乡发展的机遇。2014 年，我拎着包就回来了。回村后，我与亲戚合伙养殖过湘西黄牛，也自己种过桃树，养过鸡鸭，有一些收入。除此之外，我还有一颗负责任的心，想为村里发展做点贡献，担任过村里面的小组长、专干，在合作社里面做事。2020 年换届，我从村干部岗位上退了下来。这时，我还是想继续干我的老本行——当厨师。因为我家在当戎寨的最偏远处，自己在家干农家乐也不现实，我就想去餐馆里当厨师。经过严格的面试、试菜，我被聘到村集体经济产业思源餐厅当主厨。

如今，来十八洞村的游客与日俱增，我每日都在厨房里忙。挑菜、洗菜、配菜、切菜……每一道工序我都亲自上手，为全国慕名而来的游客准备最正宗的湘西农家菜。临近中午的时候，我换上厨师服，在灶台前挥动锅铲，把苗家腊肉、湘西土鸡、青菜豆腐等一道道美食烹饪出来，端上餐桌。我最高兴的就是听到游客们说：味道不错！有一次，在餐厅里，我注意到一桌从衡阳来的游客大口嚼着腊肉，对菜的口味赞不绝口。我当时非常开心，感觉这是对我的肯定，同时也在心里默默许诺，今后一定要继续努力，做好菜，让游客们吃得开心，吃得舒服。

每到暑假都是旅游旺季，来十八洞村的游客非常多，也是我们餐厅生意最好的时候。因为我是思源餐厅唯一的大厨，每天中午都忙得顾不上吃饭，但是看着客人吃得满意，我就觉得很满足。淡季的时候，每个月我可以拿到

▲　十八洞思源餐厅

5000 多元的工资，而暑假的这两个月，我的工资超过了 1 万元。回想自己的过去，幸亏当时我去参加了厨师培训班，学了这门手艺，才有这么高的收入，才能在自己家门口当厨师，凭借双手在家门口"炒"出了幸福。

现在，我和妻子都有收入，家里又买了车，小日子过得没有讲的了（很幸福）。

杨慧英

女，苗族，1972 年 7 月出生

十八洞村竹子寨人，原建档立卡贫困户，现经营十八洞村十八里香民宿。

把多年的债还清了

口述：杨慧英

整理：韩志强　李安琪

　　我有四个孩子——三个女儿，一个儿子。这几年，我最骄傲的一件事，就是在政府的扶持下，靠自己的努力，终于把多年的债还清了，还培养了两名大学生。

　　1991年，我从吉首嫁到十八洞村竹子寨。嫁到这里后，最难忘的一件事就是买肥料。去麻栗场赶场买肥料，得走一个多小时的山路到国道，然后再坐车到麻栗场。到麻栗场买完肥料，还得从国道上背回来，那真叫一个苦。这样苦一年也就是勉强解决温饱。我算是头脑比较灵泛的人，觉得这样苦还赚不到钱，不是办法，还是要出去讨生活。和老公商量后，他就在外面（花垣县）打工，我在排碧场上做衣服，孩子也都在排碧中心小学上学，我照顾他们也很方便。那时候，我们的日子过得还不错，家里每个月都有4000多元的收入。

　　原本以为生活会这样一直幸福下去，但不幸的事接二连三地发生了。

　　先是孩子奶奶生病了，一病就是几年，我和老公经常要来回跑，给婆婆买药，还要服侍她。接着，我老公得了鼻咽癌。那一刻，家里的顶梁柱一下子倒了，我觉得像天塌下来一样。老公要买药治病，孩子们要读书，家里的重担都在我一个人身上，这可怎么办？我一下子就蒙了，眼泪哗哗地流下来了。我当时想，我要是倒下，这个家就彻底完了，再苦再难我也得撑下去。那两年，老公主要是在家休养，隔两三个月他自己去医院做化疗。我就是没日没夜地做衣服，孩子们也很懂事，经常给我帮忙。那时，由于没有休息，我得了严重的肩周炎，手臂关节特别疼。我记得有一次，由于手臂太疼，眼睛也花了，一件衣服上的两个扣子，钉了半个小时都没钉好。

然而，这还不是最苦的。看着家里这么难，我老公就想办法来减轻我的负担。他贷款8万元，原计划是去养羊，可是他那身体，怎么能养得了羊？于是，他又想着通过赌博可以一夜暴富，结果，8万块钱被输得精光。在这样的打击下，我老公没多久就去世了。老公去世后不久，我女儿告诉我，她爸爸还向乡亲借了不少钱，留下了一个账单。老公怕我受不了打击，没敢告诉我，但希望将来我们能把欠别人的钱还上。那段时间，我几乎都要崩溃了，因为一想到家里有这么多的借款要还，一想到还有两个在读书的孩子，我的眼泪就止不住地往下流。特别是二女儿施林娇又要参加高考了，我不敢把绝望情绪流露出来。好在我的孩子们非常懂事，经常安慰我，这才撑下去了。

刚好这时，村里开始精准识别贫困户，我家因为这个情况被纳入低保户。依靠每个月发放的一笔不小的生活补助，我把这个家撑了下去。而我自己也不能光靠政府的救助，又继续在排碧做苗服，一边还债一边供两个孩子读书。2018年，因为儿媳妇怀孕了，我就把排碧的服装店给关了，回到十八洞村照顾儿媳妇。

回到十八洞村后，村里的旅游正搞得红红火火，餐馆、民宿都开起来了。当时，扶贫工作组对村民经营餐馆、民宿都是很支持的，并且还做了统一的培训。我是闲不住的人，家里的房子也是空着的。于是，我就把房子装修成了

▲　十八里香民宿

民宿，取名"十八里香民宿"，开始在村里做生意。没想到生意还蛮好的，夏天旺季的时候都要提前预订。现在，家里的收入翻了好几倍，淡季每个月有3000多元的收入，旺季每个月有7000多元的收入。我女儿施林娇大学毕业后，看到村里的宽带网速越来越快，无线网络覆盖全村，银行网点、电商服务站开到了家门口，她便想到乘势发挥特长，和村里的小伙伴合作组成一个小团队，通过制作视频和网络直播向外展示十八洞村的变化，以直播带货的形式帮助村民销售土特产品，并成立了自己的公司——花垣施林娇电子商务有限责任公司，一年下来也可以赚不少钱。在全家的共同努力下，我们2022年把所有债务都还清了。把债还清后，有两个孩子也都大学毕业了，我才松了一口气。条件好了，我自愿放弃享受低保户政策，把这个名额让给更需要的人。

　　一个农村单亲妈妈把家里所欠的大笔债务都还清了，还能培养两个大学生，这要是在以前，是不可能实现的奇迹。我自己很清楚，我能创造这个奇迹，并不是因为我本事大，而是因为有幸生在好时代，赶上了好政策。

杨再康

男，苗族，1974 年 9 月出生

十八洞村梨子寨村民，现经营十八洞村都惹农家乐。

再也不怕冬天洗澡了

口述：杨再康

整理：欧阳静　谭秀华

　　我有两个小孩，一儿一女。2016 年 5 月，在外面打工的我回到村里开了农家乐。现在屋里主要经营农家乐餐馆，在屋对面卖点土特产，二楼开了几间民宿。

　　讲起我的经历，那还是很丰富的，我以前什么都搞过。因为没读过什么书，十八九岁就出去挣钱，先在花垣县城一个厂里头上班，帮厂里修设备。后来厂里效益不好，我就辞职，去了辽宁沈阳那边。后来又到北京搞建工，帮人家装线、装管。后面又在浙江宁波打工，帮人家搞抢修维护，另外自己也买了个车子，帮人家送送货，好的时候一个月也能挣个万把块。当时，我在村里也算是个硬角色（比较厉害的人）。我认为自己还可以，找个亲（婆媳妇）应该是不难，结果因为年龄大了，一下子就找不到了。没人愿意嫁到我们这个穷地方来，都嫌我们这里太偏僻。那会儿路也不通，全是泥巴路，根本不好进来。到麻栗场和排碧赶场，走路都要一两个小时，而且这还是走得快的。要是下点雨啊，这个路更难走，泥巴能沾一裤脚。嫁到我们这里苦，又要种田又要打苞谷（玉米），到头来自己家吃都不够。所以当时的女娃子都宁愿远嫁也不愿意来我们这里。我到 42 岁才成家。

回想以前，我最怕的就是在冬天洗澡。大家可能不知道，以前冬天洗澡有多老火（难）。首先是洗澡水，都要到好远的地方去挑，肩膀挑水都能挑出老茧来。到了冬天，天气又冷，挑水就更难了，要是背时（运气不好）点，脚底打滑摔一跤，那是白搞了（白忙活）。有水了，还要去外面捡柴火烧水，三角上（农村烧火用具）放个水壶，至少要半小时才能把水烧开。把热水倒进一个大脚盆，里面再掺半桶冷水，把水调温后，躲在一间小房子里，蹲在那里，用温水擦身体。那家伙是真冷啊，我们这里的海拔比吉首要高，洗澡的过程都冷得发抖。其实，洗没洗干净都不在乎，自己觉得洗了就行。我也不敢多洗，冬天半个月洗一次澡都算是勤快人。那个时候，我最羡慕城里人的地方就是有自来水，有热水器。我们那时候的年轻人，要是碰见哪个舍得（大方）在城里开间房（住宾馆），我首先就是要去洗个澡。我那时最大的理想就是村里通自来水。

2013 年 11 月，我在宁波打工，家里人给我打电话讲，习近平总书记来我们十八洞村了，他们还亲眼看到了。我万万没想到习近平总书记会来我们这么一个偏僻的小寨子！我当时真的是恨不得飞回来，要是能亲眼见一下我们的总书记，那就是这辈子最光荣的事了。

2015 年，我趁着节假日休息，回来看看屋里头人（家人）。那时候就发现我们村变化可大了，不仅路修宽了，好走了，最重要的是村里通上自来水了！自来水一通，我回家的第一件事就是装了一个热水器。

那个时候有好多人来我们村，我们这个地方都接待不下。村里根本没有农家乐，更别说什么民宿了，别人到我们这里，吃饭没地方吃，住宿也没地方住。后来回到浙江以后，我就开始谋划，要不回去搞（开）个农家乐算喽，在浙江这边虽然挣得多一点，但是开销也蛮大，一个月下来，这里花一点，那里花一点，一年到头存不下几个钱。看这几年形势也蛮好的，来我们十八洞村参观的人还是蛮多的。那会儿手头也还有点钱，于是，2016 年 5 月，我就开了现在这家都惹农家乐。"都惹"用我们的话讲就是梨子树的意思，因为我们是梨子寨嘛，我也想不到什么好名字，就起了这一个。为了开这个农家乐，我前前后后花了不少力气嘞。以前屋前屋后都是泥巴路，现在的路都是我一点一点建起来的。吃饭的地方前几年也翻修了，以前没这么敞亮，这前前后后一共花了百来万块钱。那时候确实不容易，又要养家，又要修房子。不过也值得，现在我这个地方一次性可以接待四五百人。2023 年 4 月，我的农家乐接待了好多学生，还有到这里来学习的机关单位，屋里坐得满满当当的。

村里条件越来越好，自己的钱包也鼓起来了。在别人的介绍下，我终于成家娶媳妇了。平常在这个店里头就我和我老婆两个人，忙的时候我也请隔壁邻居过来帮忙，虽然他们不会炒菜，但是他们洗菜、切菜非常利索。我一个人炒菜也忙得过来，火候我现在都能掌握得很好了。像炒土豆丝，我可以炒得每根都清脆爽口，根本不会存在夹生的情况，客人们也说我家的味道很好。2023 年 3 月是开店以来生意最好的时候，我一个月就挣了两三万元！

现在的生活，那是以前不敢想的！寨里交通便利，生活方便，银行就有几家，与城里相比差不了多少。不用出去打工了，在家里就实现了就业创业。老婆孩子热炕头，冬天洗个舒舒服服的热水澡成为一件非常享受的事。

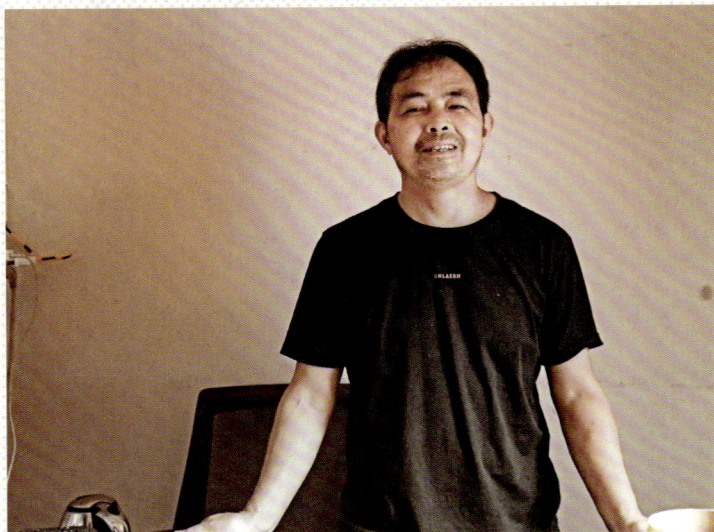

杨秀祥

男，苗族，1967 年 9 月出生

　　十八洞村梨子寨村民，原建档立卡贫困户，现经营十八洞村杨哥民宿。

从打工者到生意人

口述：杨秀祥

整理：代尚锐　刘亮晶

我记得小时候，因为家里穷，住的是破破烂烂的老木房子，没有钱，也上不起学，所以一个字都不认识。结婚以后，有了孩子，家庭负担就重。我和屋里人（老婆）主要以种田来养家糊口，还有就是喂几头猪来补贴家用。我们这里条件差，平时攒不到生活余钱。赶上灾年，一年到头就是瞎忙活。后来，我想了一下，孩子越来越大，如果每年不存点钱，这样下去，儿子以后讨老婆都是个大问题。于是，我和屋里人商量，我外出打工挣钱，她留在家里照顾儿子。于是我去浙江嘉兴进厂打工，做的是计件工，每天早上7点上班，晚上8点下班，如果肯加班干活，一天可以多赚20块钱，每天差不多工作12个小时，一个月工资3000多元。一年下来，除去吃喝剩下的也就是2万块钱。说实话，在外打工很累很苦，我真的不想外出打工。为了多挣些钱，每年最早出去，最晚回来。在外面打工的时候，特别想家。但想想要把日子过得更好，让家里不再吃苦，再苦再累我也坚持。

2013年11月，我和家里通电话才知道，习近平总书记来到了我们村。

这个消息，很快就在我们外出打工人当中炸开了锅。说实话，我万万想不到习近平总书记会到我们这个穷山沟沟里来。那时的我，感觉村里肯定会发生大变化的。具体要怎么搞，我没考虑过。我一个常年在外打工的，就是想多挣点钱，其他的想得少。

后来，我继续在浙江嘉兴打工。春节回来过年的时候，看到有好多外地游客到我们村子里参观。2014 年，我就没再出去打工，我和老婆商量，村里每天有这么多的游客，我可以在家里做个小生意，这样既可以赚些钱，又能照顾她和得代（儿子）。刚开始，我主要是卖家里种的土特产，每次游客来参观的时候，他们都会买些地里种的黄瓜，边走边吃，参观我们村子。后来，游客越来越多，我清楚地记得是 2017 年 7 月的一个晚上，有个来参观我们村子的游客在买我黄瓜的时候突然问我："这村子哪里有住宿的地方？"我当时傻眼了，心里很是紧张，不晓得怎么回答，但又感觉到我的机会来了。眼看着天黑了，出去也不方便，我就和他说，要是不嫌弃就住我家吧。谁晓得，客人竟然同意了，我赶紧把我住的房间腾给了客人。第二天客人走的时候给我钱，我没有要。经过这次客人的住宿，我心里突然有了要开民宿的念头。加上政府的无息贷款和村里的支持与培训，我要开民宿的念头就更坚定了。于是，我和老婆商量，游客们有时候参观了半天，到晚上不想走，得有个住的地方吧，我家的位置很好，离游客下车参观的地方很近，要不就开一家民宿吧。我开玩笑讲，等开了民宿我负责打扫，她负责收钱。就这样，我在十八洞村开了一家杨哥民宿。这要是放在以前，我想都不敢想自己也可以开民宿，自己也当起了老板，成为生意人。

刚开始开民宿，我和老婆只想试一试。我们自小就没文化，不识得字，只会种田、喂猪，哪敢想开一家民宿，还是有点担心做不好。但是，没想到游客很喜欢我们这里的民宿，说我们这里的服务好、环境好，而且安静，我们的生意越来越红火。现在，旺季一个月能挣七八千元，淡季也能保证每月4000元左右的收入。在外打工，每年收入2万多块钱，现在一年能赚七八万元，这真是一个天上一个地下的变化。而且还不用出远门，在自家门口就能挣钱，这是多幸福的生活啊！

自从总书记来后，我们的日子越来越好，收入越来越高。以前家里穷没啥打算，现在日子越过越好，我想和老婆继续做好我们的民宿，把身体养好，把孩子照顾好，以后有机会可以去外面看看。

杨沧生

女，苗族，1976 年 7 月出生

　　十八洞村飞虫寨村民，原建档立卡贫困户，现经营飞虫寨十八洞村小卖部。

一家两个老板

口述：杨沧生

整理：郭　维　刘亮晶

我娘家在吉首市阳孟村，1998 年嫁到了十八洞村飞虫寨，家有一儿一女。现在家门口开了个"十八洞村小卖部"，我老公在寨子门口开了家叫"碧疆业苗家菜馆"的饭馆。

我还记得当年嫁到飞虫寨时，是走路进来的。按照娘家的习俗，晚上 12 点以后才拿到阿妈给我打的几床棉絮（被子），趁天没亮之前，必须跟着来接亲的人离开自己的娘家。因为黑咕隆咚（漆黑）的，我们就烧点麻篙（火把），沿着乡路往飞虫寨这边走。虽然东西不多也不重，可是路上全是岩头，走得我脚痛。到了进寨子的路就更窄更陡更弯了，我心里有点发虚。我和我老公是经人介绍认识的，要不是看上丈夫人老实上进，我肯定也不想到这里过日子。

我嫁过来后，我老公屋里已经分了家。讲是分家，其实都是一大家子挤在一栋房子里，一家两间房。我当时觉得实在不方便，就借住到亲戚屋里。等到人家打工回来了，我们又要还给人家，日子不好过嘞。我和老公就拼命地做活，希望挣钱了盖自己的房子。除种稻谷以外，我家主要靠种西瓜赚钱。种西瓜的风险很大，辛辛苦苦地播种、施肥，好不容易盼到西瓜长大。西瓜熟了后，最重要的就是等外地老板来收购，那么大片西瓜不可能在本村和排碧场上卖完。在等老板的过程中，真的是操心。天气降温了，怕西瓜马上跌价；时间稍微一久，又怕西瓜烂掉。老板来拉西瓜，必须一个上午从地里背出来上万斤。我们都去背西瓜，我力气小，用背篓背，我老公就用扁担挑，一次挑两筐，累得脸上全是汗。就这样辛苦下来，一年也只攒得到六七千块。攒了一些钱后，我们自己就盖了房子。2010 年，我和老公商量了一下，还是觉得出去打工划算一点。出去打工，钱是挣得比以前多，可是我们在外头做事，心里却挂牵屋里读书的儿子和老婆婆，婆婆岁数大了，一老一小到屋里实在是让人米（不）放心得很，可是我们不出去做事，屋里又没有钱用，两头为难啊！

2013 年，习近平总书记来到了十八洞村，提出了精准扶贫重要理念。我那时在外面打工，听到这个消息后感觉很骄傲，预感到村里翻身的机会来了。打工回来过年时，就发现寨子里已经发生了很大的变化，路面干净宽敞了，装西瓜的大卡车都能开进来。还有就是，听寨子里的人讲，现在十八洞的人气很旺，有很多外面的人来这里参观、学习和旅游。扶贫工作组和帮扶干部也开始走访寨子里的各家各户，根据每家的情况想出了好多不同的办法来帮助大家伙脱贫致富。我和老公感觉到，回家做点事不一定会比外面差！于是我们抱着看一看的心态，就到飞虫寨门口开了一家杂货店，名字就叫"十八洞村小卖部"。小卖部的位置好，一入寨就看得见，所以生意还不错，赚得多的时候，一个月能有两千到三千块。进货也很方便，直接送到家门口，不像以前用背篓背了。后来，我老公看到别人做菜馆赚了不少钱，心里也开始有想法。我们两个一合计，咬着牙在寨子门口开了一家菜馆，名字叫

"碧疆业苗家菜馆"，生意好的时候一个月能赚到五六千块。平时，我管理小卖部，我老公就守着他的菜馆，人家都开玩笑讲我们屋现在有两个老板了！

回到村子里，除赚钱比以前轻松许多外，就是可以和孩子、老人常在一起。我们虽然没有什么文化，但是希望子女多读书，我儿子就考上了黑龙江工业学院，是本科生嘞。现在，我就想把我的小女儿再培养出来。家里的老人80多岁了，身体很好，我们经常陪她。她经常讲，我们是命好啊，赶上了好时代、好政策，以前想都想不到能过上这样的好日子。

杨超文

男，苗族，1974 年 6 月出生

　　十八洞村竹子寨人，原建档立卡贫困户，现经营竹子寨幸福人家分店农家乐。

再也不是当年的"背篓哥"

口述：杨超文
整理：谭秀华　朱永炀

我从小就是一个不安分的人，一直不安心生活在竹子寨，特别想出去做生意，看看外面精彩的世界。13岁时，我就辍学了，自己不爱读书，跟着父母在家做农活。16岁时，我和父亲说，想出去学点本事做生意，赚钱快一点。那会儿我父亲是极力反对我做生意的，认为我根本不是做生意的料，我们祖祖辈辈在这里都是以干农活为生。父亲看我铁了心想出去，就拿了260块钱给我，让我自己出去闯一闯，想让我吃点苦头再回来。我就和村里的几个小伙伴约好了一起出去创业，就靠这双脚从十八洞走到了吉首市。结果，我们在市里逛了两天，连火车站都没找到，哪儿还谈得上做生意？两天下来，钱也花得差不多了，在外面感到害怕，只好又回到村里。

尽管第一次出门就这么灰溜溜地回来了，但我还是没有死心。回到家后，我就用家里的背篓背上蔬菜、水果到集市上去卖。到了冬天的时候，我就背上家里烧的木炭去卖，那时候也不知道怎么喊价，只要看到有人真心想买，钱少点我也卖给他。毕竟用背篓背过来也费了不少力气，卖完得点钱，我背空背篓回去也轻松点。再后来，我又陆陆续续地做过服装、食品的生意。那时候条件稍微好点，我买了一辆二手摩托车。我每天就骑着这个小摩托车出去买东西。为了能一次性多采办点东西回来，少跑两趟集市，我就在踏板上放一个筐，背后背一个背篓，每次都把东西堆得满满的，人夹在中间。回来以后，我还得用背篓一趟一趟把东西背回家。村里的人经常看见我这个造型，就给我起了一个外号——"背篓哥"。我每次采办完回来，村里人都会开玩笑地说，"背篓哥"做生意回来了！

就靠这点小生意，也维持不了家庭的开支，我就出去打工。2013年11月3日晚上，我叔叔（十八洞村杨冬仕）给我打电话讲："习近平总书记来我们村了，还在这里开了座谈会。我们村要发生大变化了，你做生意的机会来了，可以考虑回乡来创业。"我叔叔是退休教师，在村里也算是有见识的，他讲的话我深信不疑。听到这个消息，我当时非常激动，饭也吃不下，觉也睡不好，总感觉一个巨大的商机在等着我。

过了几天，我特意向工厂请假，回到了十八洞村。在与乡亲们聊天中，我得知我们村以后可能要往旅游的方向发展。我当时就想，往后来这里旅游的人一定会很多，做旅游一定有前途。游客参观完了肯定要吃东西嘛，那我就干"吃"这行。我又想，在这里最有特色的，不就是苗族风情吗？何不开一家农家乐呢？于是我就和叔叔说了我的想法。叔叔听完后，他很支持我。因为他家地理位置很好，他又是"网红"，看我没有地方，就把他家里腾出来给我做生意。我开始准备家伙，学做农家乐。果然不出所料，生意很火爆，用背篓去集市上买菜已经不能满足店里每日的需求量了。刚好农家乐也挣了点钱，我就买了一辆三轮车，既可以用来进货买菜，平日走走亲戚也可以代步，而我也就不再用背篓了。

后来，生意越来越好，我不好意思继续借用叔叔的房子，就把新店开到了竹子寨。我叔叔还是很照顾我，每当游客来他那里，他都会说，竹子寨"幸福人家"是他的分店。现在，这边（竹子寨）店开起来了，生意好的时候，一个月可以赚 20000 元以上。2016 年，我考虑买个小车，带家人出去玩一玩，到处走一走，让我母亲跟着我享福。于是，我贷款买了一辆小车。2020 年年底，我就还完了所有的贷款。像 7 月这种天气，太热了，我都是开着车去外面买菜。

现在，在我们村已经很少看到有人背背篓，我也不再是当年的"背篓哥"喽！

施　俊

男，苗族，1997 年 3 月出生

十八洞村梨子寨人，原建档立卡贫困户，现为长行村镇银行十八洞村服务点工作人员。

当上了"行长"

口述：施　俊
整理：郭　维　代尚锐

　　曾经，我的梦想是打工挣钱后变成城里人。后来，我变了，是跟着十八洞村一起变的，变成了回乡创业青年。

　　我家有三姐弟，我排行老三，上面有两个姐姐。在农村，像我这样有几个姐姐的，都很幸福，她们很关照我。以前，我们这里的年轻人要么种地，要么去打工，什么创业啊，听都没听过。小时候，我记得家里先是种地，种了一段时间后，感觉挣不了钱，又开始打工。先是我阿爸，他很早就到花垣县矿山去打工，接着阿妈把我和二姐也带去了，大姐就留到屋里让阿婆照顾。家里挣了钱后，就送我三姐弟读书。后来，我大姐、二姐初中毕业后也都选择外出打工。我去了宁波打工，在中国移动宁波分公司当销售员。那个时候，我的梦想就是多挣钱，买车买房，能在城里生活。

　　这个时候，很多城里人却往我们十八洞村来了。2014 年，我们村的公路开始拓宽，来旅游的人多了起来。大家都好奇"精准扶贫"首倡地的十八洞村以前是什么样子，现在又是什么样子。到了 2017 年，为了能够方便梨

▲　长行村镇银行十八洞村自助服务点

子寨的村民申请扶贫贷款，让贫困户早日脱贫，湘西长行村镇银行计划在十八洞村开设一个营业点。考察后，银行决定租下我家的四间房作为营业点的场地，并希望我能够留下来当湘西长行村镇银行十八洞村营业点的管理员。其实管理员日常事情不算多，自己还可以创业呢。考虑几个月后，我还是有点犹豫，到底该不该回来。其实，我当时谈恋爱了，女朋友是我在吉首读书时的同学，她是吉首人。我当时想，她愿不愿意和我来十八洞村呢？我还是很担心的。以前，我们这里找个老婆都很难。现在，我找了个女朋友，还要带回农村去，那不是自己给自己挖坑吗？女朋友看出了我的犹豫，她说，现在的十八洞村已不是以前的十八洞村了，各种条件也不比城里差，回去还有工作，还能创业，干吗不留在家里呢？她和我一起留下来。

决定留在十八洞村以后，我和女朋友很快订了婚，又结了婚。留下来只是第一步，关键还是要创业讨生活，不能像以前那样光种地啊。我们看到村里每天都有很多游客，村里又开始组织厨师培训，我阿妈会做一手好吃的苗家饭，所以全家聚在一起商量后，决定要在家里开一家农家乐，这应该是个不错的商机。农家乐开起来以后，没想到生意很不错，最好的时候一天开了十多桌，一天的毛收入就能有四五千块。有这样好的致富机会，我和阿妈把家里的情况给大姐、二姐都讲了，希望她们也能回来，毕竟不可能一辈子在外面打工。大姐回来后，先是和我老婆一起卖米豆腐、摆地摊。村旅游公司招导游，我的两位姐姐在经过培训后当上了十八洞村的旅游讲解员。后来，我大姐又到村里的"悬崖酒店"上班，阿妈去停车场摆地摊。当时，我们还怕她说不好普通话，哪知道她现在说的普通话很麻溜（流畅）的。这下，我们一家人全都回到了寨子来，全家人都过上了红红火火的生活。

时代好，政策好，机遇也就来了。但关键还是要自己敢拼敢闯，自己要去奋斗，幸福不会从天上掉下来。现在，我们一家子都回到村里创业和工作，告别了以前的贫穷，日子就像那炉火一样越来越旺。

龙建梅

女，苗族，1978 年 12 月出生

　　十八洞村梨子寨村民，原建档立卡贫困户，现在十八洞村梨子寨售卖土特产。

小黄瓜做成大生意

口述：龙建梅
整理：谭秀华　刘亮晶

　　我现在家门口卖点小饰品、小水果。最畅销的就是这一根根小黄瓜，你可别小看它，旺季几个月的收入主要就靠它，生意好的时候，一天可以挣个一两千块。

　　我是 2014 年嫁到十八洞村来的。那时候的十八洞村已经有了水泥路，只是路还没有现在宽敞。那是习近平总书记来后的第二年，旅游业还没有大发展，村里各家主要还是种田。但是就村里的生活环境和基础设施来说，还是有了一些变化。后来，慢慢地有一些零零散散的客人沿着总书记的足迹来到我们村。我家的位置又比较特殊，就在石拔三大姐家隔壁。每天看着这些游客，我想要不就在家门口做点小生意吧。2015 年我开始着手摆摊，从凤凰进货，在家里卖小饰品。为了不把游客们的路给挡住了，我把摊子支在了堂屋里。陆陆续续地也有一些客人来光顾，生意虽然一般般，但赚个生活费不在话下。2016 年，我脚受伤了，就没再摆摊。我的老公很爱捡一些漂亮石头，摆在我家堂屋做装饰。有一天，有一个游客到我家，看上了我老公捡的一块石头，开价 500 块，我那时候觉得，卖石头好像是个不错的商机。我就去打听，看身边有没有人在做这个。找到了凤凰一个老板，从他那里得到了一些进货渠道，我就开始在家里卖奇石。后来，因为保护环境需要，我就不再卖石头。

其实，我卖黄瓜是一次很偶然的机会。在农村，黄瓜也不是什么稀罕物，每家都会种一点，主要是当菜吃，也可以生吃。那天，我从地里摘了十几根黄瓜回来，在家门口洗着，准备自己吃。这个时候来了一拨游客，他们问我黄瓜卖不卖。我说不是卖的。他们又问我黄瓜是不是自己种的。我说，是的啊，就种在后面的园圃里啊。他们想全部买下，品尝湘西本地的黄瓜。那时，我突然发现小黄瓜后边隐藏着大生意。或许我们农村很平常的东西，在游客眼里就是个稀罕物呢。

就这样，我把目光盯在了小黄瓜上。一开始，我在家中的地里种黄瓜，后来发现黄瓜根本不够卖，又在麻栗场租了 3 亩地，请哥哥嫂子帮我种黄瓜。黄瓜这个东西种起来也比较方便，几乎不需要什么技术，所以我的投入比较少。加上门面也是自己的，卖黄瓜几乎不需要什么成本。为了保证黄瓜新鲜，我每天四五点钟天还没亮，就要开车到麻栗场去摘黄瓜。我家的黄瓜都是当天摘当天卖的，因为过夜了的黄瓜，会没有当天摘的卖相好，新鲜的黄瓜更甜更脆更好吃。现在我已经掌握了客流规律，每天需要采摘的黄瓜数量我心里都有数。周一到周四游客量是比较少的，摘个 100 多斤。周五和周末，每天卖个三四百斤根本不在话下。生意最好的时候，一天卖了 1000 多元。我做了一下统计，2023 年 6 月份，我就靠卖黄瓜赚了 22000 多元。你们可别小瞧这小黄瓜，比我之前卖过的所有东西都要好卖。有的人说，你这生意等夏天一过，不就凉了。那我可是有其他办法的。到了下半年，我就要开始忙活着做腊肉腊肠了，我做腊肉的手艺很好的。腊肉腊肠是我们湘西的特色，也很出名。很多游客到了我们这里，都很愿意买一点回去，带给家人尝一下。我家腊肉在 2019 年卖得最好，我记忆深刻，那一年卖了 19 万元的货。

现在我老公在旅游公司上班，在那里当保安，有一份稳定工作。虽说我卖黄瓜没有他工作稳定，但我赚的可比他多。

龙拔伍

女，苗族，1968 年 6 月出生

　　十八洞村梨子寨村民，原建档立卡贫困户，现经营湘里客栈，并在附近乡镇集市做生意。

天天都在赶场

口述：龙拔伍
整理：谭秀华　朱永炀

　　我 30 多年前从麻栗场嫁到了十八洞村梨子寨，在这里生活几十年了。2000 年以前，我以干农活为主。2000 年到 2018 年，我就到附近 5 个乡镇集市做老年服装生意。那个时候，每天到一个乡镇赶场（赶集），5 天一个轮回。目前在家经营民宿，有空的时候就到附近的乡镇集市或者村里赶场做点小生意。现在，我们的十八洞村，每天都是人来人往的，都像在赶场。

　　我没出去做生意以前，家里是靠种田过日子的。梨子寨没有很大块的水田，我们绝大部分的田都在山脚下，就是现在的那个十八洞村山泉水厂下边。那时候种田真的好苦，什么东西都要靠人工背。那会儿家里也没有车，能用来运东西的工具就是一个背篓。那个时候路也没修好，到处是泥巴，就是有工具也不好搞。到了播种的季节就要背秧苗，再晚一点就要背肥料。往后，到了收获的季节又要收割，还要把谷子背回来，来来回回要走好多趟，一天下来这个腰都直不起来。现在，路修好了，家里又有车，到了收谷子的季节，车子走一趟就能把谷子拖回来了，轻松得很。

后来，孩子大一些要上学了，家里经济压力大，我们就打算到家附近做点生意。我记得那时候我30岁，花积蓄买了一个货车，从吉首进点老年服装，到附近的集市上去卖。那个时候排碧、麻栗场、乾州、排料、董马库这几个地方是我常去的。我们这里大部分的集市是5天一赶场，所以我一般都是固定去这5个集市，天天要赶场，天天都很忙。有时候要是在同一天有几个地方赶场的话，我们一天还要赶好几场。赶场也是很累的，前一天晚上要把第二天赶场卖的货清理好。每天天还没亮，三四点钟就要出门。一是离得比较远，顾客又来得比较早，我们要早点去把摊位支上；二是赶集要早点去占好的地段。我们这里的集市，摊位都是支在道路两侧的，如果去得晚了，就没有什么好地段了。能不能选一个好地段，几乎就决定了这一天生意的好坏。有时候下午还得跑吉首一趟，去进货。那段时间，真的是很苦啊，天没

▲　梨子寨篝火晚会

亮就出发，天黑才能回家搞夜饭吃。收拾一下家里，整理一下货物就休息了，啥事都管不了，天天都在忙赶集。

2013年以后，我们这里的旅游业慢慢地发展起来。来村里的人很多，每天都能见到不同的面孔，看见老外也不稀奇了。我家里这个三层楼原来是敞开的，按以前农村的老套路，很随便地在房内搭起了一个个帐篷，根本不考虑美观不美观。后来，村里发展旅游，不让我们搞棚子。工作队给我讲了道理后，我认识到，这样确实影响十八洞村的整体形象。后来，在他们的帮助下，我这三层楼又按照村里统一的风格进行了建设和翻修。现在，这个三层楼我用来做民宿，一共有6间房，我给它取名叫"湘里客栈"。我家住在梨子寨的最里头，地理位置不占优势，我就把价格定得低一点，是整个梨子寨最便宜的民宿。到了暑假，有很多学生娃会选择住在我家。靠着民宿，我一个月也能赚个一两千元，完全够我生活的。另外，家里的田也还种着，现在谷子产量也高，虽说地不多，但完全够吃。现在孩子都在外面打工，不用我管了，每个月还能孝敬我一点，生活很安逸哦。我们两口子平时就照顾好自己，赶场这个活现在就是凭我们自己的喜好。今天得空了就去赶场，或者今天要去集市上买点什么东西，就顺带去赶场做点买卖。再说，现在的十八洞天天都像赶场，自己完全可以做生意，卖点土特产品，等等。

以前天天赶场，现在也天天赶场，但那个感受却是千差万别。

第 四 章

春晖寸草

由于土地匮乏、交通不便，十八洞村长期处于贫困状态。在基层党组织的领导下，十八洞村村民坚持自力更生，依靠勤劳的双手和顽强的意志逐步走向富裕。不到十年时间，村民人均年收入由 2013 年的 1668 元增加到 2022 年的 23505 元。在精准扶贫重要理念指导下，十八洞村村民在衣食住行、生产生活、就医就学等方面的状况发生了巨大变化。

龙　靖

男，苗族，1997 年 7 月出生

　　十八洞村当戎寨村民，原建档立卡贫困户，现为吉首市宏成制药有限责任公司职工。

书记帮我找工作

口述：龙　靖
整理：李安琪　田元伟

如果说十年以前的十八洞村是花垣县最穷的地方，那我家可以算是十八洞村最穷的人家。在我 10 个月大的时候，我妈就和我爸离婚了，我妈改嫁了。在我的记忆中，我妈离开后再也没回来过，也没看过我，直到我 13 岁时，我爸意外过世，她才回来一次，那也是我记事后第一次见她。大概在我 3 岁时，我爷爷过世了，我还小不懂事，我婆每次讲起爷爷去世，都是眼泪直流。离婚后不久，我爸就去花垣县城的矿山打工挣钱，后面又去了福建打工养家糊口。来回路费贵，平时他舍不得花路费，只有过年才回来一次，我也只有过年才能见到他，经常是正月十五都还没过完，他就出去打工了。我从小没有妈，爷爷走得早，我爸到外面打工，我是跟着我婆长大的，她用米糊糊把我养大，我们婆孙俩相依为命。以前家里很穷，没有零花钱，我婆就带我上山砍竹子，把竹子背回来，扎成竹扫把，再背到镇上卖。每次出去卖竹扫把，我都很期待，虽然路烂不好走，要走一个多小时的山路才到镇上，但是卖了竹扫把，我们就能赚点零用钱，偶尔我婆还会给我买点零食，买个油粑粑。小的时候，我最大的愿望就是希望可以一夜长大，可以早点赚钱养家，这样我爸和我婆就不用这么辛苦了。

慢慢地，时间一年一年过去，我13岁了，读六年级了，马上要小学毕业读初中了。正当我觉得自己已长大，有力气帮屋里做点事了，我爸却在外面打工的时候出了意外，过世了。当时年纪小，什么都不懂，也搞不清楚我爸是因为什么去世的，所以，直到现在我都不知道。我只记得，有一天屋里一下子来了好多人，有个到外面一起打工的阿叔把我爸的骨灰带回来，他把那个骨灰盒放在我和我婆面前，他讲我爸就在盒子里，喊我磕头。我看着盒子，想不通怎么好好的一个人，突然就进了一个小小的盒子呢？但是我知道，我爸再也不会回来了，我觉得天一下就垮了，不知道以后该怎么办。我哭了一天一夜，眼睛都哭肿了。

妈妈改嫁了，爷爷走了，爸爸也走了，整个屋里只剩下我和我婆两个人了。村里知道了我家的情况，给我家办了低保，再加上亲戚们帮助，我勉强读完了初中。初中毕业，家里没有条件再供我往上读书了，我自己也不想读了，只想早点打工赚钱养活自己，养我婆。2014年，初中毕业的那个暑假，我就跟着我姑姑去浙江台州打工。当时在一个五金厂打工，我没有太高文化，就只能做一些基本的流水线工作，一天要上十几个小时的班，工作环境又脏又吵，每天下班，感觉头晕眼花的，一个月到手工资才1500元。那是我第一次离家这么远，人生地不熟，吃也吃不习惯。以前在家都是讲苗话、讲方言的，突然到厂子里要讲普通话，我讲不好，怕别人笑话我，心里很自卑。尤其是下班回宿舍睡觉，很想我婆，想回家，经常在晚上一个人躲在被子里偷偷地流眼睛水（眼泪）。

2013年11月3日，习近平总书记来我们村考察工作后，村里就快速地发展起来了，好多到外面打工的都回去了，有的人当导游，有的做直播，还有的开农家乐。我没有文化，也没有口才，导游多是女的，直播我也不会弄，家里的位置也不适合开农家乐。没办法，我只能选择继续打工，唯一放心不下的就是我七老八十的婆婆。

2022 年 10 月，因为厂子效益不好，我干脆就回家了。在家刚好碰见县里的廖良辉书记来我家走访。讲实话，第一次看见廖书记，我非常紧张，虽然 20 多岁了，但见过最大的领导就是村书记了。廖书记特别平易近人，他好像看出我很紧张，就像扯谈那样，亲切地问我，什么时候回来的？到浙江打工工资有多少？为什么回来了？下一步有什么打算？我看廖书记都是面带微笑，慢慢地我也就不紧张了。我告诉他，我们厂子效益不好，一个月的工资不多，感觉没有什么搞头，不想干了。他教导我，年轻人要能吃苦，不能遇到点困难就放弃，我婆婆 80 多岁了，记忆力衰退比较严重，需要亲人多多陪伴，他建议我就在附近找工作，这样可以经常回来看我婆。其实我也好想回来，但是因为我长期在外面打工，又没有什么文化，也不晓得该怎么找工作。他拍了拍我的肩膀，让我不用愁，只要勤劳肯干，哪里都需要人。他说他帮我到附近找份工作，养活自己的同时，也好照顾我婆。

我的亲人们走得早，我婆也只管我吃喝问题，从来没有人这么教育过我。廖书记离开我家后，我一个人呆呆地坐了好一会儿，心里好温暖，感觉人生有奔头。在他的帮助下，我到吉首市宏成制药有限责任公司上班。工作的地方离家很近，回家只要个把小时，一个月工资有 3500 多元，周六日也可以休息。休息的时候，我就回家看我婆。小时候我婆带我很辛苦，我现在找得到钱了（能赚钱了），我回去给她点零用钱，但是她都不要，让我存着以后娶媳妇。每次回去，我婆都会讲，廖书记又来看她了，又和她讲了好多话，还和她握手，叮嘱她要保重身体。每次回去，村干部碰到我，也会问我工作怎么样，平常生活怎么样，喊我不要太操心家里，他们会帮我照看着的。

现在能回吉首工作，我已经很满足了，以后我会自力更生，孝顺我婆，以感恩的心努力工作，回报社会。

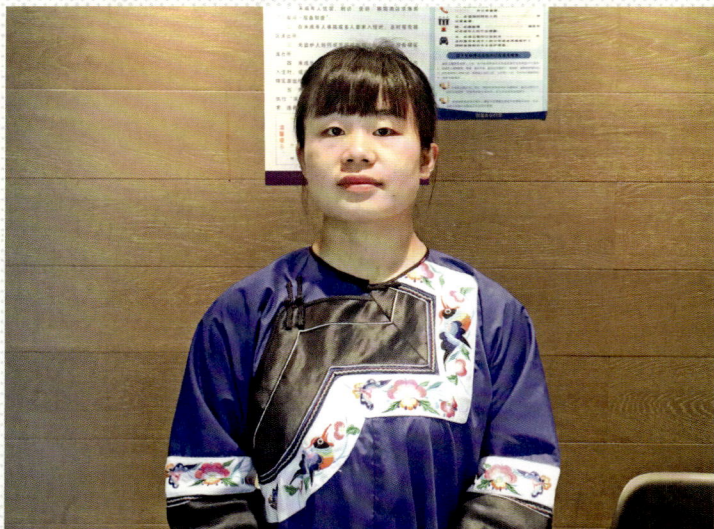

龙秀芳

女，苗族，1990 年 7 月出生

十八洞村当戎寨村民，现为十八洞村悬崖酒店工作人员。

这样的好日子，十年前想都不敢想

口述：龙秀芳

整理：谭秀华　李安琪

如果讲"90"后在小时候过的日子比较苦，我估计很多人都不太相信。但是在农村，特别是在我们十八洞村，像我这个年龄段的人，从前过的日子就很苦。半夜起来做早饭，这是我过去最难忘的一件事。阿娘生有三个伢儿，我是老大，下面还有妹妹和弟弟。因为我是老大，所以在家里做的家务活最多。后来，妹妹长大一点，能帮我分担一些。那时候，大人们去山上做工，我们就要早早起来帮做早饭。几点开始煮早饭，我们不清楚，反正天开始蒙蒙亮就得起来做家务。家里穷，哪里舍得花钱买钟表？整个村里都很少见有人买钟表，大家都没有时间概念，都是看天色估时间。有一天，我起床一看，只见外面亮堂堂的，把我黑（吓）一跳。我当时就想，天这么亮都还没做早饭，赶快把妹妹喊起来一起做早饭。我妹妹睡得迷迷糊糊的，看见天亮就赶快爬起来，搬柴烧火。我就赶快洗米、洗菜。等我们忙活好一阵，把饭菜都做好，可是天都还没大亮，大人们也没见回来。我和妹妹在屋里坐了一会儿，感觉有点困，就想先回去睡一觉。结果，等我们睡醒，菜冷了，天才亮。后来才知道，是我和妹妹把晚上的月光看作阳光，误以为天亮。每次和别人讲起这件事，都觉得心酸又好笑。

还有就是吃苞谷饭，很多"90后"可能都不知道。我们这里田不多，大米能撑到第二年打谷子都算是很不错的。米不够，怎么办呢？我们这里种苞谷，把苞谷磨碎后和大米一起煮。还有的就是把嫩苞谷做成苞谷粑，也能当饭吃。可别以为能有多好吃，相信对大多数经历过的人来说，那绝对是一个不好的回忆。那个苞谷粒刺（割）嗓子得很，有时候咽都咽不下去，不像现在的苞谷，还有什么糯苞谷、甜苞谷、水果苞谷，我们以前吃的就是那种硬邦邦的苞谷。

就是这样的苦日子，阿贾阿娘都还坚持送我读书。初中毕业后，我考上高中。高一放暑假，我回到家里，看到阿贾的第一眼，忍不住流下泪水。因为种烤烟太辛苦，特别是在烤烟的时候，经常要通宵，时刻得注意火的大小。要是烤煳（烤过度）了，一年就白忙活。就是没烤煳，质量不好，也卖不出好价钱。我看到阿贾那会儿瘦到只有80多斤，又黑又瘦的，我感到好害怕。因为在高中，我成绩不是很好，感觉没有啥前途，所以干脆就不读书了，自己出去打工。在外打工吃了没技术的亏，只能被安排到流水线上，还是站着干活。一天下来，累得很。后来，我结婚，有了自己的孩子。为了生活，我和老公还是一起出去打工。等孩子稍微大一点后，发现孩子不怎么愿意接我的电话，心里就很失落，感觉他们和我不亲近。加上我婆婆年纪大，公公走了（过世），我就想回来带孩子和照顾老人。

2013年以后，我们村建设得越来越好，我回来的想法越来越强烈。2017年以后，村里开始陆陆续续有人回来。政府给大家搞各种培训，厨师、导游、刺绣等，来这儿学习、参观、旅游的人越来越多。看着这样的机会，我和老公一商量，就和大家一样回来了。先回来照顾孩子和老人，再慢慢找一个合适的工作。这时，十八洞村悬崖酒店的二期建好。我听说酒店要招员工，一看条件，自己都符合，就立即报名，并且很快就被录用了。我很喜欢这份工作，上班的地方离家很近，早上骑几分钟的摩托车就到，下午可以准点下班，下班后就可以回家带孩子，很是方便。在这里工作不累，就是搞搞卫生、坐坐班，每个月固定到手3000多元，能找到这样一份工作我很满足。这里工资虽然不是很多，但足够养活全家，老公的工资都可以存起来。现在有空闲，我经常和孩子们扯会儿谈（聊天），多了解一些他们的想法，毕竟小孩叛逆期马上要到了，要多交流一下。

我现在的生活很规律，早上起来给孩子做早餐，他们吃完就去上学，我去上班。晚上我下班回去做饭，吃完饭以后还能督促他们学习。现在，不再看天色做事，每天工作和休息时间都卡得很精准！这样的好日子十年前想都不敢想。

隆配云

男，苗族，1963 年 10 月出生
中共党员

　　十八洞村飞虫寨村民，现为花垣县双龙镇九年一贯制学校教师。

---

0 到 41 背后的密码

口述：隆配云
整理：欧阳静　谭秀华

　　我毕业于吉首民师（吉首大学师范学院），一直在双龙镇九年一贯制学校教书，在教育岗位上工作快 40 年了。说到十八洞村十年来的变化，那真的太多了，比如交通、环境、产业等，都发生了翻天覆地的变化。作为一名人民教师，我最关心的就是教育，这是我的职业习惯，也是我多年以来最关心的一件事。从教 40 年来，可以讲我是桃李满天下，但是要讲 2013 年以前，我们村成绩特别好的，正正规规上过大学的，我真的没有什么印象。我一直的梦想就是希望我们村能有人考上名牌大学，我们村出人才，我就感到光荣。我记忆最深刻的一件事，就是 90 年代初，有一次我从双龙镇张刀村回来，先是路过张刀小学，接着又路过竹子小学（现十八洞村小学），和他们一比，我们差很多。我们的教室就是用几根柱子撑着的，有一段时间还是租的民房，几个学生坐在教室里冷得发抖啊，我当时眼泪都要流出来。那时候，这些小孩的父母亲大多出去打工，没有人管他们，衣服都是脏兮兮的。稍微大一点的孩子就是想着出去打工挣钱。我就想，就这样的教学条件，这样的环境，要培养出普通的大学生都是奇迹，名牌大学那更是不要想。

2013 年以后，我们村发生了巨大变化。我陆陆续续地听到有人考上大学的消息。有考上华东师大的，还有考上湖南师大的，总共 40 多个大学生吧（截至 2023 年 6 月，共有 41 个大学生）。当然，这个数据也不是很准。像今年的，就还没有统计出来。看着村里的学生有出息，大家把读书作为改变命运的途径，我的内心是很高兴的。为什么会有这么大的变化？我也思考过这个问题，我认为有以下几个方面的原因。

首先，村民们对待教育的态度有很大的变化。2013 年以前，村里读书氛围不浓。以前穷，村民家里缺乏劳动力，且大部分人对读书的重要性认识不够，前前后后几寨人，上上下下几代人，没看见有人读书有出息的，没有起到很好的激励作用。小孩一放学，书包一甩就都帮着家里去干活，很少说一回家就复习功课、写作业的，更别说家长辅导功课。绝大多数人都认为读书是没有用的，反正读完书最后也是去打工，不如早点去打工。那时候，村里人都是以外出打工为首要选择的，村里留守儿童、留守老人很多。2013年，开始精准扶贫以后，在政府的引导下，村民们自己经营农家乐、发展特色种植业，在旅游公司、酒店上班，还有的搞直播，收入提高了很多。没有太大经济压力，村民们也慢慢地开始重视教育，愿意花更多时间和金钱来教育孩子。特别是读书的人比以前多了，十八洞村走出第一个大学生后，村里大学生越来越多，慢慢就形成想读书、要读书的氛围。

其次，教学环境和教学质量今非昔比。以前的学校就几间破木房，中间一段时间还是租别人的房子。现在，村里学校的基础设施不比城里的一些学校差。我们还有多媒体教室，可以线上教学，可以上网课。另外，我们还有图书室和电子阅览室。除基础设施以外，校园环境也有很大的变化，教学质量有很大提升。以前，学校就一两个教师，都是"全能型"教师，体育课就是带着学生玩泥巴。现在，我们学校的老师，比如蒲老师，那可是正儿八经的湖南第一师范毕业的，教学水平是很可以的。这儿的学生还可以享受北京、长沙的网络课堂，他们很多都是去过大城市的，见识都不一样。这些事，是以前想都不敢想的。

最后，可能是外部环境刺激吧。现在，来这里旅游和学习的，好多都是知识分子。他们的一言一行，都影响着我们。还有就是，很多公司来我们这里招人，工资稍微高一点的都要求大专以上学历。这也从另一个方面让家长意识到读书的重要性。有时候会听到家长教育小孩，说"你看家门口的旅游公司都要求大专学历，你还不好好读书"之类的话。我估计，这种刺激也使得村民特别是孩子认识到读书的重要性。

作为一名土生土长的老教师，看到这些变化，我是蛮有感触的，同时感到很欣慰。看到越来越多的孩子走出大山，我们村大学生越来越多，我是由衷地感到开心。

退休后在家，我希望我们村能出来更多的大学生，最好能考上清华大学、北京大学。

施胜全

男，苗族，1949 年 6 月出生

十八洞村竹子寨村民，原建档立卡贫困户，现为十八洞村梨子寨旅游景区保洁员。

再也不愁养老了

口述：施胜全
整理：韩志强　朱永炀

　　我是景区的一名保洁员，我老伴也是一名保洁员。现在，我们老两口一个月的养老金和保洁员工资加在一起，将近 4000 元，足够养老。

　　"养儿防老"是我们这里传统的观念，靠儿子来养老是天经地义的事情。为什么这么讲呢？在我们农村，以前老人一年到头也没什么收入。我们年轻的时候，还不流行打工，都是在家里种点地，主要就是种点水稻、苞谷、红苕（红薯）啊，水稻就自己吃，苞谷和红苕都是用来喂猪。所以，一年到头，家里的收入来源就那两头猪。一年中就靠卖猪、卖点粮食攒点小钱。这还不能生病，小病自己硬扛，遇大病的话，一年白干了。这样攒点钱，就是为给儿子盖栋新房子、娶个媳妇。等儿子成家，我们老了，干不了重活。年轻的时候没存钱，年老又挣不到钱，不靠儿子养老，还能靠谁呢？

　　我有三个儿子，以前大家都讲我好福气，其中的辛苦只有我自己知道。先不要讲把儿子养大的辛苦，就是给每个儿子盖一栋房子都搞老火（很费劲）。祖上给我留有一栋木房子，我计划和小儿子住在这栋房子里。按我们

这里的风俗习惯，老人一般都和小儿子住。小儿子的房子有了着落，大儿子和二儿子的房子，我还要替他们打算，没有房子怎么讨媳妇？那段时间，可把我愁死（坏）了。平时做完工，我就和儿子们一起去平屋场。屋场搞好，还要蓄木料。就这么操心，一点一点地把两栋房子都给搭建起来。说实话，就这两栋房子都耗尽我的积蓄了。我老伴讲，我们就是穷苦命啊，一辈子劳碌。我和老伴不怕苦，最担忧的就是以后养老，万一有个三病两痛，可咋搞？在2013年以前，我们老人只能等着儿子来养老。自己的生活能够解决，零用钱、生病吃药的钱，还得向儿子要啊。我们的儿子都很孝顺，可作为老人，我们也想尽量不给儿子们增加负担。

我和老伴的年纪越来越大，小儿子也有家庭，还有孩子要抚养。那段时间，我和老伴特别愁，担心哪天身体不好了，又没存款，怕连累儿子们。村干部和扶贫工作队了解到这个情况后，把我们纳入了建档立卡贫困户。这些干部都挺好，经常来看我们，问我们身体好不好，还能不能干活？过年过节还给我带东西。在他们了解到我和老伴身体还行，就问我愿不愿意在村里当保洁员，工资由旅游公司出。我和老伴可高兴坏了，当然愿意啊。现在我们十八洞村制定了村规民约，大家都很讲规矩，房前屋后都打扫得干干净净。我们村民都知道，现在十八洞村全国都出名，好多人都来旅游，我们要维护好自己的形象。村干部们也经常这样宣传，我们自己要爱护好自己的家园，不能砸自己的饭碗呢。所以，当个保洁员，工作量不重，责任还是不轻啊。这是政府照顾我们呢，这个道理我还是明白的。我负责梨子寨的卫生，我老伴负责竹子寨的卫生，热天（夏天）来旅游的人多一点，工资就高一点，我老伴一个月 2000 元，我一个月 1800 元。其实不是很辛苦，就是捡垃圾，每天都能轻轻松松地完成任务。

现在，我和老伴扯谈讲，不用愁养老，加上养老金，我老两口一个月都有 4000 元，自己想吃什么就买什么，不像以前那样抠抠搜搜（吝啬）的。想到这个，我们都笑得合不拢嘴。儿子们也很孝顺，过年过节总会给一点钱，让我们买东西呢。我和老伴心里清楚，能过上好日子，这样开开心心地养老，是遇上好时代，是共产党和政府照顾我们呢，我们很感恩。

龙志富

男，苗族，1990 年 12 月出生

　　十八洞村竹子寨村民，现在江浙一带从事太阳能光伏发电设备安装工作。

两代人上学两个样

口述：龙志富

整理：李安琪　欧阳静

我目前在外务工，我爱人是十八洞村旅游公司的导游，我有两个儿子，大儿子在花垣县读初中，小儿子在双龙镇读小学，我母亲在十八洞村山泉水厂上班。

作为一名"90后"，我记忆深刻的事情就是上学。一是我上学很晚，9岁才上小学一年级，小学毕业已经15岁。这个年龄在现在，都初中毕业了。二是上学走路要一个多小时，还要蹚过一条小沟，我们特别怕涨洪水，大家只能手牵手地走过去。这个过程太难、太苦、太难忘。

那时候，因为我们竹子小学（现在的十八洞小学）只有一、二年级，所以上三年级就要翻山越岭地去邻村的小学。一般情况下，我们从家里到学校也要走一个多小时。就因为路程远，家长们担心我们出意外，加上家里又穷，我们寨子的同龄人上小学年纪都很大了，像我这样八九岁才上小学的，是很普遍的现象。我们上学的时候，天都才蒙蒙亮，匆匆忙忙地吃点早饭就往学校跑。在去学校路上的山林里经常听见各种鸟叫，有的鸟叫声怪吓人，偶尔一只鸟猛然飞起来，"扑"的一声，能把人吓得半死。所以，一个人是不敢上学的，我们不少同学都会相约一起上学，以便大家相互有个照应。走路上学我们都不怕，最怕的就是下雨天。只要雨稍微大一点，我们上学路过的小沟就会发洪水，大水汹涌而过，我们都很害怕被山洪冲走，于是就手牵手，相互抓得紧紧地走过去。最难受的事就是鞋子都会湿。那时候家里穷，买一双胶鞋要穿好几年，其实穿过一两年，鞋子早都漏水了。所以，只要下雨，脚底都会进水，等我们走到学校的时候，整个脚都泡得变形。因为我们距离学校远，中午也不可能回家吃饭。就是回去，大人们都在山上做农活，也没有时间做中饭。运气好的时候，家长会给5毛零用钱，买包小方便面吃。在这样的环境中上学，哪里还有心思读书，当然我自己成绩本来也不好，也不喜欢读书。所以，小学毕业没多久，我就急着外出打工挣钱。

外出打工挣钱后，刚到结婚年龄就成家，也有了自己的孩子。我那时一直担忧，儿子是不是也会像我这样马马虎虎地读书。他自己能不能读书（成绩好不好），这要看他自己的努力和天分，但为他创造好的读书环境，是我们做父母的责任。现在来看，这些担忧有点多余。

2013年以后，我们村发生了大变化。县里派来扶贫工作队，村里的各项建设都搞起来，每家每户根据自己的情况，找自己的脱贫致富路子。我还是坚持在外面打工，因为我长期给别人安装光伏发电设备，属于技术工，一个月能挣至少8000元，不忙的时候，我还可以回家。我爱人就不一样，在外面工资不高，她不是很想出去，想留在家里照顾孩子。刚好村里旅游公司正在招导游，村里的扶贫干部也根据每户的情况去做工作，动员大家当导游。所以，她就成了村里的导游，每个月的收入有几千块。我阿妈年纪大，在十八洞村的水厂上班，一个月有不错的收入。我自己还开了一个民宿，就是属于长期外包那种，一年有五六千元的收入。所以，一家人基本上都不用为钱发愁了。我们考虑的重点，就是把两个儿子的教育搞好。现在，两个孩子读书时，也不再像我们那时，每天早早地起床走路。现在，公路修得宽敞平直，我老婆骑个摩托车就能把他们送进学校，更不用担心被洪水冲走。学校里还有营养餐，也不用像我们那样饿着肚皮等放学。大儿子在花垣县城读初中，平时住校不回来，一周就回来一次。放假了，他自己可以坐车直接到家门口。小儿子在双龙镇读小学，早上我老婆在上班前就把他送到学校去，中午他在学校吃午饭，下午老婆下班后再去学校把他接回来。孩子每天都可以在家人的身边，我们可以好好地陪伴他们。暑假里，只要工地放假，我都会赶回来陪他们。

两代人，从我小时候上学天不亮就出发的艰难，到现在两个儿子上学车接车送的幸福，我感觉我们的生活是越来越好啦！

龙成金

男，苗族，1969 年 2 月出生

十八洞村当戎寨人，原建档立卡贫困户。

现在院坝好漂亮

口述：龙成金
整理：郭　维　代尚锐

　　我有三个孩子，女儿已经出嫁，两个儿子到外地上班。我老婆身体不好，得了脑梗，所以我就到屋里陪侍（照顾），没有再出去打工。

　　要讲村里以前到现在的变化，实在太多，比如进村的公路，以前是泥巴路，现在改成了青石板路。但要是讲我屋里的变化，最大的就是我屋这个院坝。以前，我们这里有院坝的户数很少，主要有以下几个原因。一是这里的地形不太平整，山沟沟里面大家找个屋场都是老火（费劲或很麻烦）的事情，更不要讲找块大点的平地修院坝。你看我们以前的老房子，大家都是一栋挨着一栋的。二是没有钱，大家一年就那点收入，孩子读书、老人生病都得花钱，一年到头存的钱基本上用在生活开支上，哪舍得用在院坝上。三是交通不便，水泥、沙子都很难运进来，就算把水泥运到路口边，大家还要辛辛苦苦地背进屋，太扎实（辛苦）。四是根本没精力想这件事。家家户户都是早上出去做工，晚上才回来的，一天到晚都在忙。讲实话，能有一块干净、平整的大院坝是我们的梦想啊。

▲ 十八洞村美丽的农家小院

　　刚好，我屋外头有好大一块坪场，就想把它硬化。当然不是请水泥匠来弄，没有这个闲钱，而是运点水泥沙子，自己搞。硬化后，整个屋子看起来都干干净净，下雨也不怕满屋子都是泥。自家屋里种的谷子啥的，可以摆到这里晒。屋里几个孩子还能有个宽敞地方玩耍。当时，敢这么搞的，都算是有胆量的。好像是在2007年，我就租了辆车子运水泥和沙子进来，正式动手修院坝。那时候，公路还没修到我家门口，就通到现在的当戒小卖部那里。水泥到了以后，我就自己一袋一袋地背进来。一袋水泥百八十斤，我从路那边扛到屋里来，满身都是灰，脸上只看得见眼睛和鼻子。就是再苦再累也不能停，必须抓紧时间背进家里，要是下雨，水泥没搬进屋就会报废。背沙子可以等一等，我的两个儿子放假，也帮着我一起搞。苦是苦，但是一想到有宽敞的水泥大院坝，我硬是咬咬牙坚持做下来。因为是我自己动手硬化的，技术不是很过硬，搞好的水泥院坝，难免有点坑坑洼洼的，下雨还容易积点水。放现在，这个院坝肯定不算什么，但是那时谁家能有这么一个大院坝，全家人都是一脸的满足！

2013年后，我们村的变化更大了。驻村扶贫工作队也早早想到修建院坝的事。我记得那个时候，村里的工作队到我屋里来了，他们和我讲现在我们村要搞"庭院建设"，我一开始没搞懂是什么意思。人家就认真地给我解释，具体就是修建或改造各家屋里的院坝。以后我们这里要发展旅游，庭院建设要统一规划，这样才好看，并且还是免费改造。这样既可以改善大家的居住环境，又能助力旅游发展。工作队的人和我讲明白以后，我是很支持的，这么多年，谁家不盼望有个干净整洁的好院坝。这项改建，不光是我支持，村民都很支持，大家都开心。村里的路已经修得越来越好，交通都四通八达，水泥、沙子、青石板都可以直接运到家门口，施工队再动工翻修我屋的院坝，已经变得容易多了！经过一段时间的改造，政府把我家院坝的水泥路面换成了青石板路面，后面又给我们翻新了院坝的栏杆，还对我们家的厕所进行了改建。现在我屋的庭院又宽又平，还很好看。因为有两个儿子，我给大儿子盖了一栋房子，并且还硬化了庭院。大儿子在长沙打工，我们就把他闲置的房子租了出去，一个月的租金有2000多元，足够我和老婆用。

老婆得了脑梗，行动不便，每天我都要带她出来在院坝里走一走，活动活动。天气好的时候，搬一把椅子出来，让她坐着晒晒太阳。现在，每天起来推开门，看到这整洁美观的院坝，我们的心里就像吃了蜜一样甜。

施树林

男，苗族，1971 年 2 月出生

十八洞村竹子寨村民，原建档立卡贫困户。

木桶到马桶

口述：施树林
整理：刘亮晶　郭　维

　　讲到我们村里的变化，那就太多了，公路啊、产业啊，等等。我现在在家打点零工、干点农活，两个孩子在外面打工。其他乡亲有的搞农家乐、搞宾馆（民宿），还有的搞产业，成立合作社。就我个人来讲，我没有他们那么大的成绩，我这个人也不太会讲。我感觉自己家最大的变化就是院坝和厕所，房子也重新装修了。我自己感受最深刻的就是厕所。以前我们屋里条件不好，一屋人从早忙到晚，晚上看看电视，甚至看着看着就睡着了。自己住的房子都没打理好，哪有时间和钱来建厕所，厕所也没什么讲究。再说了，那时的交通又不方便，就是有钱有时间修个厕所，也运不进来砖啊，自来水也没有。用水（生活用水）都要靠挑，哪舍得用水冲厕所。一开始，我们上厕所就是用个桶子，就是那种大一点的木桶。用了一段时间以后，发现这家伙不实用啊，时间稍微一长，就变得很臭。还有一点就是用起来很不方便，蹲在上面不好受。后来呢，我们又想办法，到屋外头挖个大坑，再到上面架两块板子，人要方便的时候就踩到板子上。外面的人管这叫旱厕，土家族他们那边的旱厕比我们这里要大得多。这个旱厕虽然比以前用木桶好很多，但还是没有那么安全。那个时候，我们夜里起来上厕所都是要好神（小心）点，因为板子间的缝隙比较大，又比较滑，很容易踩空。平常不用的时候，还要用板子盖起来，不然屋里养的小鸡崽都会打落（掉）下去。而且讲实在的，这种厕所不仅不安全，味道还特别大。但是在当时那样的条件下，我们也没其他的办法，寨子里家家户户都是这么用的，大家都习惯了，一直将就（勉强）着用。

2013年以后，我们寨子就开始发生了变化。首先是公路变宽变直了，村里的卫生好了。村里的泥巴路改成了青石板路，家家户户搞起了庭院建设，装上了栏杆，居住的房子也进行了装修，刷了桐油，整个村子看起来都是崭新的。这些搞好后，扶贫工作队说要在这里开展"厕所革命"。我当时

▲　十八洞农家"改厕"前的样貌

也不懂什么叫"厕所革命"。后来，村干部给我解释，就是政府补贴一部分钱，每家每户重新修建厕所，和原来的木房子风格一致，要把旱厕改成水厕，还安装热水器、洗衣机、马桶等，其实和城里的卫生间差不多。说实话，对"厕所革命"，我们是非常支持的，谁不想生活得卫生干净一点。以前到城里，我最爱（羡慕）的就是他们的厕所，厕所可以很舒服方便；还有洗衣机、热水器，忙完一天洗个热水澡多舒服，穿过的衣服还可以放进洗衣机洗，节约好多时间。我那时候想，我们农村什么时候才能有他们这个条件啊！这个政策实行后，我第一时间报名，申请修建一个标准的卫生厕所。在修厕所的时候，我想到以后老了或者生病的时候上厕所不方便，特意又再装了一个马桶。新的厕所修好后，我是看了一遍又一遍，心里那个开心哪。上厕所时再也不用担惊受怕的了，而且方便完了直接冲干净，一点味道都没有。后面，我又在卫生间里安装了热水器、洗衣机，按城里标准布置了一番。

短短几年，我们屋就实现了从木桶到马桶的大变化，这是我们以前怎么都想不到的！当然，家里还有很多变化，比如，电器多了好几样。虽然和村里其他人比起来变化小，但是自己和自己比，还是有很大的变化的。我相信，以后的生活会越来越好！

龙昌成

男，苗族，1977 年 3 月出生

十八洞村当戎寨村民，原建档立卡贫困户，现为十八洞村游客服务中心保安。

在家门口找到一份稳定工作

口述：龙昌成
整理：谭秀华　李安琪

　　家里只有我和80多岁的老母亲，父亲身体不好，十年前就不在了（过世），妹妹已经外嫁。以前我一直在外漂泊，在外地到处打工，经常来来回回地跑，现在终于能有机会回到家里，也有了稳定的工作。

　　像我这样的家庭情况，母亲年纪大，一个人待在家里，我自己一没有技术二没有文化，就是出去也很难找到好工作。所以，我最大的想法就是能在花垣县有一份稳定的工作，还能照顾母亲。但是在十年前，如果不种地，想要找一份稳定工作，简直比登天还难。尤其是我也不喜欢和别人交流，哪里找得到稳定工作？我从小就在家里种地，能种谷子的地方就种谷子，不能种谷子的地方就种点玉米、黄豆啥的。十年前在我们这里，想靠着种地富裕起来，根本就不可能。一年到头，大家辛辛苦苦就是解决个吃饭问题。那时候家里也没有什么好一点的家具电器，根本就没得闲钱去置办那些东西。就是生个小病，都是硬扛。家里就这么个情况，连找个亲（娶媳妇）都是问题，我就是这样把年纪拖大了。

后来，我看我们村很多年轻人都在外面打工，就去向他们打听看有哪些门路。我想着，趁着年轻也要出去闯一闯。但是一问，很多工作都是需要有技术的，而且打工的地方也比较远，多在浙江、广东那边。我觉得太远，不方便照顾父母，特别是父亲的身体不怎么好，我就没和他们去。自己在长沙找了一个工作，在工厂里打杂，什么活我都干，那时候一个月有3000多元，我感觉也不错了。然后就一直在外面打工，家里的田地什么的都是我母亲在打理。一到了要烤烟和农忙的时候，我就请一两个月假回来帮忙。我阿乃身体不太好，烤烟和农忙的时候太累人了，我怕她忙不过来。有时候忙完农忙回去，老板可能又招好人了，就不要我了。这个时候，我要重新去找工作。没有技术出去挣钱，真的很老火（困难），随时都可能被老板换掉。我那会儿去小工程项目里头打杂，各种零工我都做，工作很不稳定，这里做几天，

▲　热闹的村民聚会

那里做几天。有时候，一年要跑几个地方干活。

2013年以后，我们村慢慢发展起来，一年比一年好。说实话，当时我对村里的变化也没太在意。我家里的这个位置，又不能像他们那样搞农家乐、民宿之类的。在外面摆小摊，我一个大男人也不好意思干这个。就算是我家这个位置很好，我这个人也不是做生意的料，和别人讲话都有些不好意思。村里人干什么，我不是太关心，我那个时候还是在打短工。2018年，农忙的时候我回来，发现来这里的游客一拨一拨的，来旅游的人特别多。旅游一下子就发展起来，旅游公司也开始到处招人。当时就觉得，我们这个村和城里差不多了。

看着这些变化，我也有留下来的想法。但是，在外面这些年，我就是给老板打杂，啥技术也没学到，留下来也不知道能干什么。我把这些想法和村里的扶贫干部讲了，看有没有合适的岗位。他们给我讲，村里的讲解员、保安、清洁工这些岗位都优先考虑我们十八洞的村民，像你这样的情况，可以干保安啊，还问我愿不愿意。我肯定愿意，干这个工作我还是有信心的。村里边就推荐我去游客中心停车场当保安，主要负责维持秩序。就这样，我留下来当保安，2200元一个月，还管两餐饭。我回来以后，还可以经常照顾我母亲，干些农活。我母亲的身体变得越来越硬朗了，她在家坐不住。我就带她到游客中心那里摆摊卖点小百货。她早上和我一起去上班，我帮她把东西背到摊位那里，晚上又给她背回来。我们那个游客中心有很多阿哆（阿姨）在那里摆摊卖东西，母亲可以和她们聊聊天打发时间，又可以自己赚点生活费。生意好的时候，一天可以挣100来块钱，有时候只能卖几块，自己赚自己的生活费还是够了。当然，最重要的是她开心。

漂泊多年，终于赶上好政策，能在家门口找到一份稳定的工作，我是真高兴！

石书吉

女，苗族，1940 年 12 月出生

原建档立卡贫困户，十八洞村当戎寨村民。

赶上好时代，我家才没散

口述：石书吉

整理：代尚锐　谭秀华

我今年83岁了，别看我年纪大，身体可好得很。20多年前，我老头子走了（过世）。又过了几年，我小儿子在外打工意外死亡，只剩下我和孙儿，我当时觉得天都垮了，这个家完了。后来，在政府和亲戚们的帮助下，我和孙儿才有生活下去的希望，才又有了家。

我有两个儿子两个女儿，按照这里的习惯，两个女儿嫁出去，大儿子成家后，我和老头子就与小儿子一起住。我小儿子听话，人也勤快，自己攒劲（努力）娶了媳妇。1997年，我和老头子就抱上了孙子，那真是开心得合不拢嘴。一屋子人待在一起，每天热热闹闹的，吃得饱、穿得暖，心里好舒服。但是，好日子没过多久，小儿子和小儿媳就离婚了。2000年，孙子他阿谱（爷爷）也没得了（去世）。为了养家，我小儿子就出去打工，家里只剩下我这个老婆婆和3岁的孙儿了。我可怜的孙儿才10个月就没得了阿乃照顾，3岁又没有阿巴（爸爸）在身边。我好心疼我孙子啊，我在家干点农活挣点钱给孙儿买点奶粉，长大一点就喂米糊。儿子打工回来，每次都是来去匆匆。

我记得我孙子刚读完小学吧，外面打工的讲我小儿子没得人了（过世）。人没有了啊，就回来一个盒子，人都没见到一面。盒子还是别人带回来的，说是在外边做工的时候出意外。那时，我整夜整夜地睡不着，一想到这个事情我就要流眼泪。这么一大家子，怎么就只剩下我这个老婆子和孙儿了？那时候，我身体还利索，还能去田里做点活，养活我们婆孙俩。但我算了一下，活到 80 岁，孙儿都才有 20 岁啊。我只有硬撑下去了，等哪一天撑不下去，这个家就完了。

我也算运气好，身体好得很，一直没害（生）病，在孩子们的帮助下，我一个人慢慢地把孙儿拉扯大了点，就送他去读书。后来，村里的一些干部了解到我家情况，很关心我们婆孙俩，经常救助我们。

2013 年以后，政府派来了驻村扶贫工作队，搞（精准）扶贫。像我家这样的情况，老鼠来了都要流着眼泪走啊，穷得很。所以，我家被纳入了贫困户。讲到这个，感觉造孽（对不住）联系我屋的干部。像我家这个情况，怎么扶嘛？家里只有两个人，一个是七八十岁的老婆婆，一个是十几岁读书的孩子，劳动力都没有。（扶贫）干部看见我这个情况，就喊我注意身体，给我们家办了低保，生活不用愁。逢年过节，他们（扶贫干部）也经常来看我，和走亲戚一样。

后来，村里搞院坝、装围栏，维修房子。当时，我好着急，我家里没有人（劳动力）搞啊。村干部看我着急的样子，就给我讲，这是全村统一搞的，不会漏我家的。现在我家里漂亮得很，几十年的老房子又翻新了一遍，屋里屋外都是亮堂堂的！院坝都搞成青石板，还装了围栏，又干净又安全，我经常在院坝里面晒草药。家门口的泥巴路都改成青石板路，再也不怕下雨打滑摔跤了。

以前嘛，总觉得自己命苦啊，一大家子只剩下我这个老婆婆和孙子，能

▲ 石书吉家修葺一新的民居

不能活下去都是个问题。现在想起来，自己也算命好，碰上了好时代，在政府和亲戚们的帮助下，我一个老婆婆硬是把孙子拉扯大了，把屋子搞得这么干干净净、亮堂堂的。我孙子现在出去打工，经常给我打电话，还给我零用钱。我不要他的，我叫他存起来，等着以后娶媳妇用。我在家里也没什么事干，就到家里附近的田埂上找找草药去卖，两块钱一斤，有人来收，给自己挣点生活费。天气热的时候，我就在早上出去转转，一会儿就回来了，他们都怕我中暑不让我出门。

赶上好时代、好政策，我这个家才没散啊。现在，我就想孙子早点娶媳妇，早点见重孙哦！

梁双凤

女，苗族，1996 年 7 月出生

原为十八洞村飞虫寨人，因家中贫困过继到花垣县长乐乡亲戚家，现为十八洞村旅游公司讲解员。

27年后，我真正回家了

口述：梁双凤
整理：李安琪　欧阳静

因为家里贫困，我刚出生不久就被过继给隔壁长乐乡的亲戚。高中毕业后，去福建打过工，现在在十八洞村的旅游公司当讲解员。

我小时候是在长乐乡长大，刚有点记忆时，陆陆续续地听到别人讲，我的父母不是亲生的父母，我是排碧（双龙镇）人。我的养父母对我也很好，并没有隐瞒我的身世，并且经常带我来十八洞村见我的亲生父母。当时家里穷，孩子又多，没有办法。以前长乐乡比十八洞村条件好很多，我很理解亲生父母的做法，他们舍不得我，哪个孩子不是父母身上掉下的肉？把我过继给亲戚，是让我生活得更好。在我印象之中，放暑假和寒假的时候，就来这里（十八洞村飞虫寨）看亲生父母。那时，从长乐来这里，我就是走小路，跋山涉水过田坎，印象最深的是沿着田坎绕来绕去，稍微不注意，脚就要踩到田里，一脚都是泥巴。大约走一个半小时，就能走到这里。其实，来这里有一条公路，那时还没有硬化，是一条弯弯曲曲的泥巴路。我从来没有坐车来过这里，来村里的车本来就很少，半天还等不到一辆车。再说，一趟车费几块钱，够两天的生活费了，舍不得。

关于这里，我记忆最深刻的一件事就是停电。大概是 2010 年的一个冬天，我记得停电一个多月，白天就在家烧火取暖，晚上到处漆黑一片，吃完饭就睡觉，那种日子特别难熬。经常呼呼地吹西北风，特别冷。为了取暖，就在火坑里用木柴烧火，我们几个孩子围坐成一圈。那时在农村的冬天，谁家用木柴或者电炉烤火，那感觉都是和以前的地主一样富有。在白天，虽然可以烧火取暖，但是都舍不得烧木柴。山上找木柴不容易，别人的山地林地不能砍，大人在山上找一天，也只能背回一两捆木柴，一捆木柴一天就能烧完。所以，我们孩子更加舍不得烧大火，就是几根木柴凑在一起烧点小火，然后大家挤在一起，都恨不得坐在火坑上面去。小火烧了一会儿，木柴就会产生火滋滋（木柴燃烧后的碳），就赶快用铁钳（烧火的工具）刨在前面，这样就暖和一点。木柴烧火会产生很多木灰，这些木灰就会"跑"到我们身上和头发上。一天下来，全身都是被烟熏的柴火味，头发都熏得油油的。这样的日子连续一个多月，所以特别难忘。

2014 年高中毕业后，我直接去福建进厂打工。我小时候特别羡慕别人打工。以前在农村，家里的收入来源主要种苞谷、水稻，维持基本生活，养猪、放羊可以存点钱，这点钱也只够我们的学费和生活费，我们几乎都没有自己的零用钱。看见别人打工，一个月都是几千块钱，还不用像家里这么苦，所以我就特别羡慕他们，希望有朝一日自己能打工挣钱养家。打工人的辛苦和辛酸，我当时是完全不清楚的。因为我在高中时成绩不是很好，考不上好大学，所以想都没想就去打工。在福建打工，一个月能挣 3000 块左右，那时，我才体会到打工人的辛苦、辛酸。

在外面打工，每年春节我基本上都会回来，从长乐来这里看亲生父母。每回来一次，就感觉村里发生一次大变化，我就开始有想留下来的念头。在福建打工时，别人知道我是十八洞村的人，总喜欢问我村里的情况。当我把十八洞村照片和变化的情况告诉他们时，他们都露出羡慕和佩服的眼光，我就有一种特别骄傲的感觉。有一次，有个同事问我："你们十八洞发展那么好，你怎么不考虑回去创业呢？"这句话触动了我，我很想回去，但一想到我既没有创业资金，又没有一技之长，在飞虫寨做个门面也没有什么优势时，我犹豫了。正当我陷入回去创业还是继续留下来打工左右为难时，我看见十八洞村的旅游公司正在招导游，优先考虑十八洞村的女孩子。看见这个招聘后，我就动心了，决定回到十八洞村去。

▲　热情的十八洞村村民欢迎游客

2020 年的春节后，我回到十八洞村，应聘导游。在这里当导游，不仅有很严格的规定，还要经过培训和考试合格才能上岗。我毕竟是高中毕业，因此相对轻松地通过了考试，持证上岗。在这里，我每天都接待很多旅游团，认识很多朋友。每个月的收入不比在外面打工低，光导游的保底收入都在 3000 块以上。在旅游淡季，我还经常和村里的人一起学苗绣，这种幸福感是以前无法体会到的。

刚出生时家里穷，我想留而留不下来。27 年后，告别了穷困，在家门口工作，我真正地回家了。

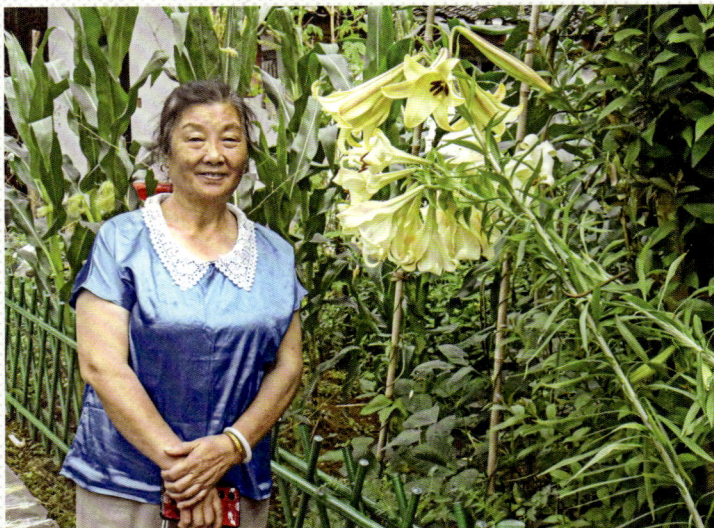

严必群

女，汉族，1954 年 11 月出生

　　娘家在花垣县城。1976 年嫁到十八洞村竹子寨，现为花垣县供销联社退休职工。

我到这里来养老

口述：严必群

整理：郭 维 朱永炀

    1976 年，我嫁到十八洞村竹子寨。我曾经是一名知青，后来在花垣县供销联社上班，我爱人是一名公务员，在花垣县统计局上班。我们现在住在竹子寨，每月也有几天进城去看儿孙们。

    退休前，我和老伴都在县城上班，不常回来。但是我婆婆（丈夫的母亲）那个时候还住在这里（竹子寨），我们不放心她一个人生活，也要经常转来（回来）看她。我记得那个时候进寨子的路很窄，在山边边儿上，弯弯儿又多，只能走人，车子进不来。我和老伴给婆婆买点东西，先要坐车到麻栗场，再转别的车子到进寨子的路口下车，然后就走路进寨。路很不好走，一个半小时才能走到屋，我经常走得脚底板痛。我印象最深的就是我们看完婆婆要回去，看见那路边边儿长了好多野菜，就摘一大把回去炒菜。那个时候住的条件不好，房子都是几十年的老房子，房子外面的坪场都是泥巴，屋里头也净是（全是）黄泥巴，鞋子没有一天是干净的。后来，我们出钱把房子和院子整修好，但是也不经常回来住。那个时候，我们都在城里上班，想在县城买房子，两个女儿都在城里读书，根本没想过回老家来养老。

2000年年初，我和老伴退休。刚开始觉得老家（竹子寨）的环境好、空气好，路修通了，起码车能开进来，而且老伴的老家情结重，我们就计划来这里养老，女儿、女婿有空可以来这里看我们。来这里住一段时间以后，才发现想象的与现实之间有好大的差距。那时，最头疼的是卫生环境不好。寨子里家家户户都在养鸡养鸭，天刚亮"嘎嘎嘎"地叫，还散养不关进笼子。那些鸡啊、鸭啊都到路上走，路上全是鸡屎鸭屎的，味道臭得很。孙儿来这里看我们，走路时，眼睛盯在路上，担心踩着粪便，一跳一跳地往前走。孙儿来这里待不了多久就闹着要回去，他觉得这里卫生不好，鸡鸭牛的粪便到处都是。我和老伴待在这里时间久了就挂牵孙儿，孙儿又不肯来，我们也就只能过去（花垣县城）。加上我们的亲戚朋友大多住在城里，他们过来也麻烦。待了一段时间后，我和老伴进城后就没回来了。

2013年以后，寨子里的变化很大。进村子的路拓宽了，而且还改成了沥青路。从村部到竹子寨的路还增加了一条，小（轿）车可以走上面的小路，大（货）车可以走下面的宽路，这下子再也不会堵车了！来村里的游客更是一拨接一拨的。村里为了整治环境，制定了村规民约，村民们都很注意自己家房前屋后的卫生，自己负责打扫干净，鸡啊、鸭啊不允许散养了，臭味一下子就消失了。

2018年，村里给家家户户统一做了规划，政府出钱给我们屋重新翻新了坪场，以前的水泥路变成石板路，还免费给我们屋外墙刷桐油，这下子房子看起来乖（好看）多了。后来，全村又统一硬化了院坝，为了安全，还给我们院坝安装栏杆，小孩子玩耍时，也不怕掉下去。经过这么统一规划和装修，我们的屋子一下子变得干净整洁又美观了。现在，孩子来这里，再也不用一跳一跳地走了，他们也很愿意来这里。还有，以前的朋友也经常来这里旅游、学习和参观，大家时常小聚一下。餐馆、民宿、商店到处都是啊，买东西根本不用愁。我和老伴就觉得，这里比县城里更适合养老，就决定在这里养老！

现在，我每天起来推开门，闻到的都是最新鲜的空气，没事可以上山找点柴火，自己种点蔬菜。寨子里哪个屋里有个红白喜事，我们就去帮忙。女儿、女婿也会经常来这里看我们老两口。我也经常喊几个姐妹来这里度假旅游和聚餐，大家一起叙叙旧，一起到处走一走、看一看。

来这里养老，很好！

杨珍兰

女，苗族，1964 年 4 月生

十八洞村飞虫寨村民，原建档立卡贫困户。

吃肉不用等过节

口述：杨珍兰
整理：谭秀华　李安琪

　　我有两个儿子，他们都已经结婚，我现在主要在家带 3 个孙子。

　　我娘家是吉首阳孟村的，当年我们那边比这里（十八洞村）好得多。我家里有五兄妹，父亲身体不好，去世得早，主要是靠爷爷婆婆（奶奶）带大。小时候家里穷，负担也大，读不起书，早早地在家里干活了。以前，我们的婚姻都是别人介绍，我也没来过这里（十八洞村）。那会儿屋里人（家人）说这里不错，老人们看好了，就嫁过来了。刚嫁来时，这里都是泥巴路，我记得是零几年才修好一条简单的水泥路。我过来呢，从来没有出去打过工，主要就是在家里边干点农活。收谷子啊，种苞米（玉米）啊，打柴火（砍柴）啊什么的。

　　以前的条件真的差，吃肉都要等过节。我记得那时没有什么收入，每年除了干农活，还养猪和牛，有的人还放羊。我们养牛养猪不是宰了自己吃，是养大牵出去卖，换点钱回来搞（维持）生活，给两娃儿交学费和生活费，过节的时候也得划算（计划）买餐肉吃。别认为养猪和养牛是容易的事，其实是很辛苦的。家里穷，粮食只够自己吃饱，就只能去外边打猪草、打牛草。我家里头那会儿养了五头牛，我一天光是打牛草就要出去两回，早上一回，晚上一回，打回来的牛草有时候还不够它们吃的。别看打猪草、打牛草听起来很简单，打过的都知道累得很，也是一门技术活。一般田埂边上那些地方的草是最好的，但是别人家是不让打的，都是留着自家用。我们那时候打草，要跑好远，每天都要换不同的地方。那时候经常到石坝上打水草，那里的草嫩，牛也喜欢吃，就是要跑起好远。所以，一般都得把牛喂饱，我才有时间吃饭。

我记着有一回，我出去放牛，在回来的路上和寨子里有户人家的牛迎面碰上。不知道咋搞的，两头牛对上眼，一下没注意就开始打架。牛打架的场面太吓人，那么大的个头，相互之间打红眼，还会发出怕人的声音，我们根本就拉不住啊。我们好担心两头牛会受伤，万一摔倒在岩坎（悬崖）下面，摔死一头，那可是我们一年的收入啊。当时，可把我们紧张坏了，心脏都"扑通扑通"地跳个不停。村里那个人用牛刷条（赶牛的工具）拼命地想把牛赶开（驱散开），结果被牛碰一下，倒在田坎上，还被牛踩一脚。那个人疼老火了，叫喊个不停。我们把他送到了医院检查，结果是脚骨头被牛踩断。那时候，大家人都很好，都不说赔多少钱，再说也没钱赔啊。他住了一段时间的院，稍微好一点就出院了。我也就是称点肉、买点东西去看他。除了过节，我们就是这样生病住院才有点肉吃。那时候，什么是好日子？我觉得餐餐有肉吃，那就是好日子。

现在条件好多了，就看我家，除了我和孙子，全家都有收入。我老公到游客中心当保安，60来岁的都有工资收入。我大儿媳妇运气好，当时她在梨子寨那边玩耍，刚好碰上十八洞水厂最后一天招人，优先考虑十八洞村的，她一下子就应聘上了。现在她白天在十八洞村山泉水厂上班，下班就回

▲　十八洞村农家腊肉

家带孩子，还可以给孙子辅导作业。两个儿子和小儿媳，他们自己想去外面闯闯，我们老人家也是很支持的，年轻人嘛，还是出去增长点见识好。现在这里（十八洞村）机会好，学好本事还可以回来创业呢。我们村里好多年轻人都是从外面回来创业。收入多、生活好，想法又不一样了。以前只有两间小木房子，现在又新盖一栋楼房，我们也是今年才搬进来住的。

现在生活很幸福，几乎顿顿都有肉吃。但是孩子们讲不能光吃肉，得有荤有素，营养均衡哩！

杨云秋

女，苗族，1994 年 12 月出生

十八洞村梨子寨村民，原建档立卡贫困户，现为十八洞村悬崖酒店管理人员。

月月都能穿新衣

口述：杨云秋

整理：谭秀华　欧阳静

　　我家有四姐弟，我上边有两个姐姐，下边还有一个弟弟。对于村里的变化，每个人感受都不一样。作为"90后"，要说干农活有多苦，我感受不是很深。作为女孩子，对衣服穿着比较在意，所以对穿着的变化感觉深刻。

　　我们这里本来就穷，我家又有四姐弟，生活的压力肯定要比一般家庭大得多。先不要说穿，家里又没多少地，光解决"吃"就是个大问题。我记忆深刻的就是吃米汤拌饭，因为没有什么好菜，我们就喜欢用米汤拌饭。其实，能餐餐吃米汤拌饭都算不错了。上顿不接下顿的时候，红薯饭、苞谷饭都是经常吃的。有时候实在撑不下去，还要跑到别人家去借米。后来，我爸去花垣矿山工作，虽然说工资比较高，但是风险也比较大，我爸腿上的残疾就是在那个时候造成的。爸爸妈妈到花垣矿山里打工，就把我们四姐弟留在了家里，让爷爷奶奶带着。

　　小时候，我"穿"的问题很好解决，基本上都是捡姐姐们穿剩下的。我没穿烂的（衣服），弟弟又接着穿。我家还收藏着我和弟弟小时候的照片，这个照片是堂叔给我俩拍的。那张老照片里，我和弟弟穿得破破烂烂的，弟弟穿的是我穿过的裙子，光着屁股和脚丫，我穿的是姐姐给我的衣服，都穿了好几年，明显很小。那时候，一年到头，我们很少有新衣服穿，就是过年都很少有。一年可能一两次，妈妈会到麻栗场的大集市上给我们买那种一两块钱一套的衣服，拿到衣服我们都稀罕得不得了。有时候衣服很破，或者都不合身了，但是样式自己很喜欢，还是会将就着穿一段时间。到冬天，长冻疮、长虱子这些都是家常便饭了。冬天我们几乎每人都要提一个小火炉去上学，不然靠身上这点衣服根本扛不住，要是碰到下雨天，衣服、裤子、鞋子都要打湿。我初中的时候，两个姐姐都出去打工，每年都会给我们寄一些她们的旧衣服回来，那是我最期待的事情，因为又有几件"新"衣服穿了。那时候就想，要是身上有几百块钱，一定要给自己买点新衣服，买点好吃的。

后来，家里负担越来越小。读完初中，爸爸又送我读中专，学习计算机。中专毕业后，我在外面打工。2017年，村里陆陆续续地有游客过来观光旅游。村里各种产业都开始搞起来了，我一合计，在家门口开始卖起了臭豆腐。没干多久，旅游公司招讲解员，我又过去当了一段时间的讲解员。在这里，我认识了我老公，他当时也在十八洞村这边工作，我俩于2019年结婚。2020年，在"悬崖酒店"招员工时，我应聘当管理员，主要负责酒店的日常运营，每月能挣四五千元。现在我负担很轻，儿子才3岁，由公公婆婆带着，大部分工资我都能攒下来。我们这里现在很好就业，收入都还不错，再也不用像以前那样过苦日子。像我爸，虽然脚落下残疾，但好在赶上好时代，现在和我妈妈在家里开了个民宿，二楼出租给别人做餐馆，一个月收入比我还要多。姐姐也在"悬崖酒店"上班，弟弟大学毕业后也回来了，现在十八洞村警卫室当辅警。其实，在十八洞村，像我家这样，全家都在这里创业就业的非常多。别说买衣服，买车都不是问题。

▲　十八洞村农家漂亮服饰

　　现在讲穿着，肯定和以前不一样。不是只讲穿得暖，而是要讲款式和风格。闺蜜每个月都会约我去花垣逛街，有时候去吉首，那里衣服款式多，价格又实惠。现在，家里每个月都要买一两件新衣服。苗服作为我们民族服饰，机打的、手工的都不便宜，但每人都有几套，还是因为赶上了好时代。

龙群冲

女，苗族，1988 年 10 月出生

　　十八洞村飞虫寨村民，现为十八洞村旅游公司导游。

留守儿童越来越少

口述：龙群冲

整理：谭秀华　刘亮晶

　　小时候，我和妹妹都是村里的留守儿童。受生活所迫，父母都到吉首打工。那时候，挣钱很不容易，父母虽然在吉首打工，但没有房子，也租不起房子，不能把我和妹妹带去吉首，就把我和妹妹留在村里，和婆婆（奶奶）一起生活。像我和妹妹这样的情况，在村里是很普遍的。在家里挣不到钱，必须出去，我们都很理解父母。

　　讲到那时我们留守儿童的生活，现在的孩子是无法体会的。我婆婆年纪大，身体不太利索，我和妹妹要承担大部分的家务。妹妹9岁就学会了挑水；我10岁就自己割猪草，煮猪食喂猪，11岁就会推磨子。到现在，我最难忘的有三件事。一是喂猪。婆婆每年都会养两三头猪，养猪也是家里的主要收入。婆婆年纪大了，身体又不好，喂猪基本上都要靠我和妹妹帮忙。我们上学之前，要早早地起床，先找两背篓猪草。幸好那时是九点钟才上课，要不然天天都会迟到。放学回来还要煮猪食和喂猪。我最怕的就是喂猪食，光装猪食的桶子都有十来斤重，半桶猪食就是二三十斤重。我那时只有10岁左右，一个女孩子哪提得起几十斤的桶子，只能一次提小半桶。三头猪吃得多，我要来回跑七八次。猪圈又高，我要踮起脚才能把猪食倒进猪槽里面。所以，每次喂猪，我都累得半死。第二件事，就是推磨子。因为要把苞谷磨碎来喂猪，又没有机器，还得靠人来推磨子。那时候家里边的磨子应该有四五十斤重，一次只能往磨眼里放一小勺玉米，要想把这一小勺玉米磨成粉，那得围着磨子转上好几圈才行。这个活需要两个人来配合，一个人推磨子，一个人给磨眼灌苞谷。我年纪大一点，就推磨，妹妹就在旁边灌苞谷。磨一盆糊子要围着磨不知转上多少圈，等到磨完已经是腰酸腿疼，体力差的根本搞不来。说句实话，我觉得我现在的力气都没我十二三岁那会儿大。第三件事就是冬天抓鱼。以前家里穷，很少有肉吃，经常吃苞谷粑粑、红薯饭、南瓜，直到现在我都不喜欢吃这几样东西。记得有一次冬天下雨，我和妹妹放学回来的路上看到田里有一些鱼翻肚子了，我和妹妹想都没想，撸起裤腿就到田里捡鱼了。冬天的田里，水冰骨头啊，冻得我妹妹眼泪哗哗的。但我们还是舍不得上岸，硬生生地边哭边捡，就为晚上可以改善一下伙食，真的很久没吃顿好的了。

在这样的条件下，我们哪里还有心思读书。一直盼望着早点长大，长大了可以出去打工挣钱。我初中毕业应该是2006年，一毕业就出去打工。我记得和一个亲戚一起出去，我第一次买火车票，只知道买票，不知道还要看时间，提前一天上火车了，一路站了十几个小时。2010年，我结婚不久有了儿子。受生活所迫，我又到广东汕头打工，儿子也成了留守儿童，由我父母帮忙照看。

2014年以后，精准扶贫工作队进驻我们村，基础设施和产业慢慢地搞起来，村里也开始有人回来了。我既没有技术又没有文化，回来也不晓得干什么，还是坚持一直在外面打工。2015年，我母亲因为积劳成疾突然去世，家里的主心骨一下子没了。我突然想到我和妹妹辛苦的童年，就计划回来。那时村里已经发展起来了，但是旅游业还没有成规模。我们夫妻俩一起做点小生意，干点农活，有时又出去打工。

2019 年，村里的旅游业发展起来，大量的游客开始来十八洞村。刚好旅游公司招讲解员，我长期在外打工，会讲普通话，又年轻，很顺利被录用了。上次参加"夯吾杯"云上导游大赛，我还获得"湘西旅游宣传达人"的荣誉呢。在这里，我平均每天可以接四到五个旅游团。2022 年，我还带了一个外国旅行团，当时我很紧张，英语只会讲"thank you"。旅行团领队给我讲，不用担心，我们有翻译。这时，慌乱的心情才镇定下来。我现在一个月收入也能达到 4000 元。现在讲解员团队有十七八个年轻小姑娘，绝大部分都是从外面打工回来的。

现在，如果想在村里就业，肯定没有问题。所以，大量的年轻人都回来了，自己创业的、在公司打工的都很多，村里的留守儿童越来越少。像我家里，那是热闹得很，碰上暑假，我两个儿子在家，我妹妹也把她两个女儿带回家，村里的小孩都喜欢来我家玩，家里都可以开一个培训班了。

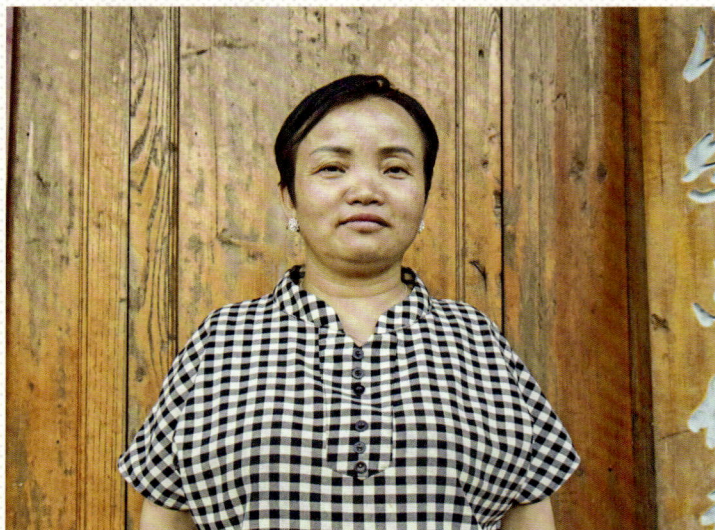

石远女

女，苗族，1975 年 8 月出生

十八洞村竹子寨村民，原建档立卡贫困户，曾在竹子寨经营舌尖上的苗寨农家乐，现在游客中心售卖土特产。

生病不再拖

口述：石远女
整理：郭　维　欧阳静

　　我娘家在吉首市马颈坳镇，嫁到十八洞村竹子寨。我的经历还是比较多的，嫁过来之后种田地。有了孩子后，家庭压力大又去浙江金华打工。村里旅游搞起来以后，我又开过农家乐。后来，因为脚受伤，我把农家乐关了，又去游客中心摆地摊。

　　要讲十年来的变化，感受最深的就是生病不再拖，都晓得要及时去医院，很注重身体健康。

　　以前生病为什么会拖呢，其实就因为一个字——穷。我刚嫁过来时，家家户户条件都差不多，都是下地种田过日子，我们家也是这样的。那个时候，我要种稻谷、种黄豆，还要养猪、养牛、养羊，一天要做好多事情。我们都是清早四点多钟就起来了，做了早饭吃两口就去割猪草喂猪，然后到田里去做工，做到下午才能回来。为了攒点钱，我得空的时候还要上山去摘一些药材啊、折耳根啊和野菜什么的，好等到赶场的时候拿到场上去卖点钱回来。那个时候家家户户都是这么做的，搞到最后，附近都找不到草药了。新

▲ 十八洞村医务室一角

鲜的草药最值钱，没办法，我就跑到好远的山上去爬那陡陡的坡儿挖药材。

这么辛辛苦苦攒点钱，哪里舍得花，攥在手里，都恨不得捏出水来。我们一年到头忙来忙去，总有点小病小痛。身体有点不舒服，也不会去医院检查，告诉自己忍忍就过去了。讲实话，以前很怕去医院。一点小病小痛，从来不去检查，感冒发烧多喝姜开水，一两天就会好。一两天没见好，我们就去找村里的村医帮忙看看，开点药吃就行了。有时候受点外伤，或者其他病，也没什么好担心的。我们这里也有赤脚医生，他们会找草药，有的病吃几服草药就好了。一般情况下，要是想喊我们去县里的大医院看看，那我们肯定是不愿意花那个大价钱的。最后实在扛不过去了，去大医院看一看，检查一下。对于年纪大的老人来讲，无论如何都不会去大医院。他们觉得活到六七十岁，身体本来就变差了，看不看病都一样，反正也治不彻底，何必花那个钱给孩子们增加负担呢。讲穿（说明白）了，就是没有钱去医院看病，舍不得那个钱。

现在，肯定不一样。大家还是很注重身体健康，身体不舒服了，赶快就去医院检查，也不拖。稍微有个模糊的病（疑难杂症），都会去州医院看。大家在一起扯谈，也开始聊起健康的话题。为什么会有这么大的变化呢？刚好不久前我从楼梯上摔下来，差点连脚都保不住了，幸好及时去了医院。从我个人的经历来看，现在能够及时去医院，可能主要有下面几点原因。一是大家收入比以前高多了，花点钱也不像以前那么心疼了；二是交通方便，去医院看病，当天就能回来；三是有医保，可以报销一部分，减轻了负担。比如，我做完手术出院结账的时候，医药费报销了一万五千元。

现在，我主要是到游客中心摆摊卖一些腊肉、熏肉，生意好的时候每月也有三四千块收入。

石玉双

女，苗族，1963 年 6 月出生

十八洞村梨子寨村民。

全家团圆不用等过年

口述：石玉双
整理：郭　维　代尚锐

　　我娘家在花垣县大龙洞，嫁到十八洞村后，在家种过田，在外面打过工。现在没工作，在家带孙子。

　　这几年来，我们村变化太大了，可以讲一天一个样。家家户户都有变化，每家变化都不一样。像我家，我觉得最大的变化就是家人从分散各地到全家团圆。

　　以前，我们一家子为了生活，分散到好几个地方打工，只有过年那几天大家才能热热闹闹地聚在一起。等过了正月初五，我们又得计划新一年打工的地方，然后就各奔东西了。其实，谁不想一大家子能聚在一起。但是，没办法啊，留在这里挣不到钱。那个时候，家家户户都是靠种田讨生活，寨子又建在山顶上，附近没有田，大伙儿都要走到现在水厂那里去种田。路修得也不好，都是乡里的"毛毛路"，又窄又险，稍不注意就会摔一跤。每天早早地去地里面干活，干完活再回来吃早饭。吃完饭就去割猪草喂猪，然后再到田里面做工，一直做到天黑了才回来。即使这么辛苦，我们也只能解决几口人的温饱问题。种的谷子只够自己家吃，种的苞谷、红苕（红薯）多是拿去喂猪、喂鸡。一年到头一算，就是靠养几头猪攒点钱。这点钱也只够给孩子交学费，过节吃顿肉。这种日子也没啥盼头，村里人年轻一点的早早就外出打工了。

2000 年左右，村里公路通了，我们进出寨子方便多了。去外面最先打工的那批人，绝大多数都挣了钱，很快就形成打工潮。村里有想法、肯吃苦的人都陆陆续续地走出寨子打工去了。还有一部分人，去了花垣的矿山打工。我们家也是这种情况，我和老公跑到吉首去做工了。在吉首挣钱虽然没有外面（浙江、广东）多，但是可以经常回家看看啊，还能与孩子们在一起。儿子初中毕业后，想去外面闯一闯，和村里人去浙江、广东那边打工，不想留在本地。儿子出去打工以后，一年到头家里人就很难聚到一起了。只有等到过年，一家人才能在一起吃顿团圆饭，偶尔聊上几句，但是年轻人和我们也没什么话讲。反正，一年一年地就这样过着，我们也没想过这种日子会有改变。其实，村里的大多数家庭都是这样。

现在肯定不一样了，我们村出去打工的已很少了。大家在村里扶贫工作队的指导下，改造村里的公共设施和环境。我们的房子、院坝都是按规划统一修建的，很有苗族特色。我们这里是"精准扶贫"首倡地，又有苗族特色，所以来村里旅游的人越来越多。来旅游的人多了，商机就来了。在工作队的帮助下，地段好一点的，就在自己家里开了农家乐、民宿；地段偏远一点的，就去旅游中心、停车场摆地摊做生意，一个月赚个几千块钱不成问题。不想摆地摊也没关系，村里还有很多公司，在家门口就有很多就业的机会，有酒店管理、导游等。我儿子通过招聘到寨子里的思源餐厅做厨师，生意好的时候一个月能有 4000 块左右，儿媳妇也在杨老师家的银行服务点找到一份工作，上班走几步路就到了，一个月拿两三千块不成问题。不仅像我儿子、儿媳这样的年轻人能在家门口上班了，像我这样的中年人也可以通过应聘去十八洞村山泉水厂，还能在酒店打扫卫生，在景区当保安、环卫工人，一个月至少能拿 2000 元。村里的这些工作，都优先考虑村民。我以前就是到酒店负责打扫卫生，工作一点都不苦，我老公也在十八洞村附近务工，我们一家子都在自己家门口找到了工作，一家人吃团圆饭再也不用等过年了。2023 年年初，孙儿出生了，我就没有出去上班，专心在家带孙子。村里像我家这种情况的很多，只要自己不懒惰，都能实现全家在家门口就业。

全家在一起的日子就是幸福的日子！

石莲清

男，苗族，1968 年 3 月出生

十八洞村飞虫寨人，现在主要在家带孙子。

建起了我的大房子

口述：石莲清
整理：郭　维　李安琪

我今年55岁，很年轻的时候就出去闯了，后来又回到了村里。现在我的两个孩子都已经长大成家，家里条件也越来越好，于是我决定要干一件人生大事，修建一栋大房子。以前家里穷，孩子没长大，家庭负担也很重，住的房子都是20世纪60年代从我父母手上传下来的。现在，终于等到这一天了。

我年轻的时候，在村里应该算是敢闯敢干类型的，能吃苦的。以前，我们一个寨子的人都是靠种地吃饭，日子都过得紧巴巴的。那时，我就觉得留在这里光种地也不是办法，想找其他的路子挣点钱。于是，我就和村里人一起跑去花垣矿上打工。在矿上干了一段时间，我就觉得光靠卖力气也挣不到多少钱，就想和别人学开车，想学一门技术。刚学会开车，我就壮着胆子到银行贷款5万元，再东拼西凑一点，买了一辆矿车到矿上拉矿。矿车一开，灰尘到处都是，做一天工下来衣服上又有汗又有灰，一身臭味。但是，想到银行的贷款，想到家里的孩子还在读书，我还是坚持了下来。经过几年的努

▲ 石莲清家新房子

力，我把贷款还完，也存了一点钱。我就想，应该把家里打扮一下，每代人都要有一点进步。1993年，我就想到可以把老房子外面的坪场先翻修一下。那个时候村里的路不好，车子还是进不来，请人来做也不划算，我就只好和家里人从寨子口把修坪场的石头一块一块地抬过来，就这么一天天地做，做了半年才把我家门前的坎砌起来，门口才有一个像样的院子。有一个小院子，我就想一步一步来，存了钱再修一栋房子。

后面我觉得自己年龄大了，在矿山做事不合适，又跑到益阳一带割芦苇去了。割芦苇这个活儿也不轻松，那个时候没有割芦苇的机器，都是手工割。不单是苦，关键吃得还不好，餐餐只有红萝卜或者白萝卜吃。虽然又苦又累，还吃得差，但收入还不错，做三四个月可以拿个万把块工钱。那个时候，我没有其他好想法，只想好生（努力）做事赚钱，回乡里建个大房子。我就这么一直做一直做，直到 2009 年，我才回到村里。

2013 年以后，我们这里变化巨大，拓宽公路、改造村间道等，各项工程也越来越多，到处一片热火朝天的场景。那时，我有台矿车，人家修公路的时候，我就负责拖土、拖水泥，就感觉是在自家门口上班。几年下来，我不仅在家门口找了份工来做，还赚到点钱。这时候，我看到进寨子的路也越修越好，寨子里家家户户的条件也越来越好，有的买了新车，有的盖了大房子。我再看看自家住的老房子，已经有 60 多年的历史，早就年久失修，光线、空气都不好，又潮又旧，连楼板儿都开始腐烂。还要再修栋房子，以后老了就来不及了。老辈人把房子传到我手上，我不能只搞一个院坝。

想来想去，一咬牙，终于在 2022 年，给村里和镇上报告后，我就准备开始动工修我的房子。这个时候来修房子，村里的交通条件和我 20 多年前修坪场的条件，可以讲是一个天上一个地下。那个时候，路不好人也穷，我一个人修个坪场，硬是修了半年才搞好。现在，寨子里的路修得又宽又平，做工的车子直接开到了我家门口，木梁什么的也都不用自己搬了，吊车一下子就把木头架上去了，一天做的工赶上我以前好几天做的工了。而且这次也不是我一个人做了，赚钱了我也能请人来做了。就这样，用了一年的时间，我的大木房子差不多快要修好了，4 个孙子天天到二楼边跑边笑，我听了也高兴得很啊！

现在，我一边完成我新房子的扫尾工程，一边帮忙照顾 4 个孙子，日子过得也算舒服。我觉得，能够通过自力更生修建个大房子来激励后代，还是非常骄傲的。

隆满足

女，苗族，1966 年 2 月出生

十八洞村当戎寨村民，现为十八洞村苗绣合作社员工。

感恩这十年

口述人：隆满足
整理人：郭　维　刘亮晶

我有一个女儿，今年 16 岁。现在我在村苗绣合作社里刺苗绣，每个月收入也主要靠这个。

讲到以前，我是很伤心、很不满足的，自己婚姻不如意，生活又不顺，那个时候我到处打工讨生活，回家都有点怕。

我结过两次婚，因为身体不好，我一直都没有自己的孩子，所以，我的两段婚姻都失败了。以前在农村，结过两次婚又离婚，还没有孩子，是一件不太光彩的事，我在村里都抬不起头来。后来，我出去打工，很少回来。在外面打工的十几年里，我到过很多地方，也做过很多不同的工作。最初，我跑到吉首打工，保姆、月嫂、洗碗、打杂等我都做过，但是工资都不高。后来，我又跑去长沙，在长沙一家食品加工厂打工，一开始是 2800 元一个月，后面涨到了 5000 元一个月。在 2006 年的腊月，我收养了一个还没满月的女孩。因为自己收入还可以，我一个人太孤单，再加上也觉得和这个女娃娃很有缘，所以我在政府部门登记以后，就收她做女儿。有了女儿后，我也就带她去了长沙。因为长沙消费高，我们娘俩一年到头也攒不下来什么钱，每天都过得紧巴巴的。加上家里的阿娘年纪大了，她还要操心我娘俩在外头日子过得好不好，总说她不放心。在长沙，我们娘俩没有一个亲人，总是感觉很孤单，于是我们回到了村里。

2013年以后，我们村已经大变样了，公路修得和国道差不多，家家户户都通自来水了，也通网络了，整个村里干干净净的，我感觉和城里差不多。在这里，大家忙得热火朝天，晚上坐在一起有说有笑。可能是来的游客比较多，大家的观念比以前开放多了，像我这样的事，大家也不会再议论什么了。但像我这样50来岁的人找个工作还是比较难：做导游，我年纪大了，公司也不要；开农家乐、民宿，我既没有经验，我屋也没在好地段；跟着别人搞点产业，我没那个技术，力气也跟不上。所以，又去长沙打了几年工。

2018年，我脚扭伤了，从长沙回到家养伤。刚好这时，我看见村里几个带头人在搞苗绣合作社。当时我眼睛都亮了。我是苗族人，打记事起就看我阿娘绣苗绣了。我们小时候，寨子里女孩子、妇女们都会绣苗绣。我看见阿娘她们经常比一比看哪个手艺好，阿娘总是绣得最好。阿娘也经常教我绣苗绣，我学得很快，很多图案都会绣。但是后面绣好的东西也换不成钱，在外面也能买得到机器做好图案的衣服，加上年轻人都出去打工，也就没有人有工夫绣这些。每想起来，我都觉得好可惜。没想到，这么多年以后，村里居然开了几家苗绣合作社，绣苗绣还能赚钱了！看见他们在招人，我想也没想就来这里做事了！

现在绣苗绣和以前不一样，以前都是自己穿，现在是要卖出去挣钱的。政府也专门组织培训，每个月都会给我们指导一次。其实像我这样有基础的，几下子就学会了。做苗绣工作还是辛苦嘞！费力、费时、费眼睛，一个月也绣不了几件，可我就是喜欢，一针一线就能变出一朵花、一只蝴蝶。在

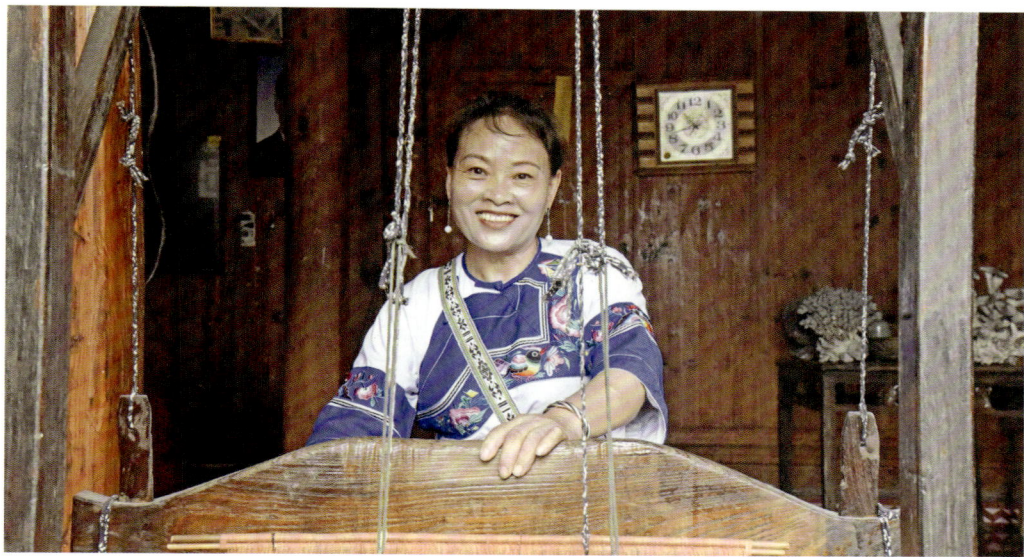

▲ 隆满足在工作

合作社，我们现在都是按订单生产，能保证大家都有钱赚。回来以后，我就一直在这里绣苗绣，每个月可以得 3000 元左右，每天都过得充实又开心。我和女儿主要就靠苗绣的工资来维持生活，供她读书。得空（休息）时，我还发抖音分享自己设计的苗绣图案，都有好多人给我点赞！现在，我就天天和一群同样爱好刺绣的人一起做事，大家伙聚在一起还可以扯谈，每天都开开心心。我女儿也和我说："妈，这几年，你的笑脸越来越多了。"在合作社也不是天天都忙，休息的时候，我就回家陪我阿娘说说话。阿娘说，看见我回来了，日子还过得这么好，每天都笑嘻嘻的，她终于放心了。以前她总是担心着，时不时会打个电话问一下。

以前，总感慨自己不幸，不满意自己的生活。现在，每天干着自己喜欢的事，每个月还能赚几千块钱，陪着阿娘和女儿，我很满足。我知道，是政策好、时代好才过上好日子，所以在 2023 年我自己专门绣了一个具有特殊意义的包包，包包上特意绣了"感恩这十年"五个字。

龙美芝

女，苗族，1952 年 1 月出生

　　十八洞村竹子寨村民，原建档立卡贫困户，现在十八洞村梨子寨苗绣合作社从事刺绣工作。

绣花针也能帮养老

口述：龙美芝
整理：韩志强　李安琪

　　我在十八洞村生活了大半辈子，能有过上好日子的这么一天，是我最大的福气。我们老人家讲变化，就讲挣钱养老吧，这是我最想和大家讲的。

　　十年前，连年轻人在村里都找不到工作，也挣不到钱，都出去打工了，更不要提我们这些老人家了。我们养老怎么办呢？一是自己种地。虽然我们农村老人年纪大了一点，但是干农活都是一把好手，六七十岁的老人种地、养猪都没有问题，比现在的年轻人都狠（厉害）多了。一年忙下来，还是能存两三千块钱，吃饭肯定不愁。二是靠子女给啊。我有一个儿子，他在吉首打工，逢年过节，过生日，他都会给我们钱。但是，现在的年轻人负担也重，我还是很理解他们的。拿我儿子来说，他在吉首找了一个老婆，有了一个家庭，现在我也有了一个1岁多的孙子。他们现在正是用钱的时候，负担还是很重的。三是养老金。钱虽然不多，可是够我们老人平时买米买油和买生活用品的，偶尔买几餐肉，尝尝荤还是足够了。所以，以前的老人特别怕生病，因为生一次病，一年挣的辛苦钱一下子就没了，也会给孩子们增加负担，让他们担心。十年前，你来我们这里看，六七十岁的老人都还在种地，一直到实在干不动的那一天，一辈子都这么苦哈哈地过。

现在肯定不一样了，60多岁种地的都很少了，有的专门带孙子，有的看着自己的小卖部，有的在下边停车场摆个地摊，有的在自家的餐馆里给儿孙们打打下手，大家都有自己的事情干，能挣自己的养老钱，再也不用像以前那么苦了。像我，就到苗绣合作社刺绣，时间自由，工作很轻松，每个月都能挣到不少钱呢。

2014年，村里成立了合作社（十八洞村苗绣特产农民专业合作社），扶贫工作队也搞起了苗绣培训班，鼓励村里的妇女去培训。当时，我也很想去，但又怕自己年纪有点大，他们不收我。60多岁的人去外面打工都没人要，怎么可能要我们呢？可是我很喜欢苗绣，我们这些老人小时候谁没学过。以前因为家里穷，买不起衣服，我们的衣服都是自己动手绣的。平时我在家闲着没事，也会绣一些花鸟、鱼兽，再加上我身体也很硬扎（硬朗），眼睛现在也好使。想来想去，还是决定去问一问。哪儿知道，他们还真的收，和我讲合作社就是为留在家里的妇女成立的。只要我们培训合格，就能去上班。起初，是我们绣好后，交给合作社，合作社卖了再把钱分给我们。刚开始，我就在家绣，顺便帮忙搞一下家务，那时候每三天就能绣出一条"牡丹"围巾，每一天就能绣出六把印有"十八洞村"的扇子，五天就可以赚到300多块钱。后来，来十八洞村参观的游客越来越多了，合作社的订单也越来越大了，游客走的时候买的绣品也多了，绣品的需求量也越来越大了。为了不耽误事，也为了能够多挣钱，我每天早早地起床做好早餐，吃了饭后就去梨子寨的合作社刺绣，等下午合作社关门了，我又回家。梨子寨和竹子寨相隔不是很远，走路也就是十来分钟吧，这对我们农村老人来讲，简直是小菜一碟。我老伴身体不是那么好，不能干重活，他现在每天都会把夜

▲ 十八洞村民"绣"出好日子

饭做好等我回来吃。现在,我每个月光靠苗绣都有1800多块钱,这些钱足够给自己养老了。要是哪个月生意好,挣得能再多点,我也会给在吉首的孩子一些零花钱,他有了家庭也不容易。

我做梦都没有想到,一根小小的绣花针能发挥这么大的作用,我靠它来养老,让自己有一个幸福的晚年。

第 五 章

春华秋实

　　在精准扶贫重要理念的指引下，十八洞村探索出了一条可复制、可推广的脱贫模式，其成功的经验走出了国门，昔日的"穷山沟沟"已蝶变成"全国青少年教育基地""全国文明村""国家第一批传统村落示范村""中国美丽休闲乡村""全国建党百年红色旅游百条精品线路""全国脱贫攻坚楷模"，成了铭刻新时代光辉的红色地标。来十八洞村参观学习的外籍游客、外省游客、大学生团队、党员干部等，络绎不绝，年轻勤劳漂亮的姑娘也嫁到了十八洞村。

石登高

男，苗族，1973 年 3 月出生
中共党员

　　2017 年 3 月至 2019 年 10 月任十八洞村驻村扶贫工作队队长，现任花垣县产业开发区党工委副书记、管委会主任。2019 年，荣获"全国五一劳动奖章"。

十八洞"走出"了国门

口述：石登高

整理：李安琪　田元伟

2017年3月，我来十八洞村驻村时，十八洞村已经脱贫，但村里要发展，离不开年轻人的参与。我们工作队就和村支"两委"商量，如何让十八洞村的年轻人留下来，让这里的人气再旺起来。大家讨论到最后，认为来这儿参观学习的人逐渐多了起来，应该借势发展旅游业。大家认为"精准扶贫"首倡地"自带流量"，何况这里又保持着原生态苗寨风情，应该有很大的潜力可以挖掘。我们如果把旅游发展起来，村民不出村不就能挣钱了吗？于是，我们为十八洞定下目标——"鸟儿回来、鱼儿回来、虫儿回来、外出打工的人回来，外面的人进来"。

按照旅游发展规划，我们就决定"把屋子打扫干净再请客"，组织村民整治村容村貌。最大的拦路虎是改厕改圈（猪圈）。有村民不支持的，我就苦口婆心地劝："不改，在屋里都闻得到臭味，孩子都不乐意回家是不是？"就这样，我们一家一户磨嘴皮，虽然费劲，但真诚的"笨办法"还是管用，说服了村民。最终，工作队把村子从禽畜粪便味中"解放"出来，干净成为村民的共识。很快，整治后的十八洞村，颜值提升了，古朴的苗寨与周边秀美的山水相映成趣。仅仅一年，新打造的十八洞村就吸引了三四十万名游客，人数是原来的三倍多。一拨拨游客和参观学习团队来到了十八洞村。村民房屋租金一年也涨到了六七万元。村民不出家门就能吃上"旅游饭"，就连原来每天拿一个小板凳、靠在墙根晒太阳的老奶奶，现在一大早都去摊位"上班"了。

在这里，我不但见证了旅游业的兴起，更见证了中老（老挝）两国的跨国情谊，见证了十八洞村走出了国门。2018年6月2日，老挝人民革命党中央总书记、国家主席本扬·沃拉吉率老挝代表团考察十八洞村，这是我们第一次迎来外国元首到访。本扬主席沿着总书记走的路线看了一圈，然后就在总书记同村干部和村民座谈的地方与村民座谈。在这个座谈会上，本扬主席最关注的就是十八洞村是怎么脱贫的，十八洞村脱贫的经验对老挝有什么启示。通过座谈了解后，本扬主席对我们的工作给予了高度肯定，大概的意思就是：我们村容村貌清洁美丽，老百姓安居乐业、衣食无忧，大家收入大幅提高，生活状况大大改善，让他们深受启发，他要认真学习借鉴我们国家精准扶贫的做法和经验。说实话，当翻译给我们讲出这些话的时候，我们非常激动和骄傲。我们的做法和经验得到国外领导人的赞扬，也算是"为国争光"吧。

更让我们没想到的是，本扬主席回到老挝不久，就给我们送来了"回礼"——一个银质的芦笙。芦笙是老挝的传统吹奏乐器。我们试着用它跟十八洞村的苗鼓一起演奏，和声悠扬，鼓舞人心，就像两国友谊一样深远绵长。2019年4月，在老挝传统新年泼水节即将到来之际，我就和村支书龙书伍商量，由他执笔，以十八洞村村民集体的名义给本扬主席写了一封信，告诉他他来过之后村里发生的变化，也祝愿老挝人民早日摆脱贫困。仅仅一个半月后，本扬主席就给我们回信了。信的标题是"致中国湖南省花垣县十八洞村的父老乡亲们"，信的抬头是"亲爱的同志们"。他在信中祝贺我们村在精准扶贫重要理念的指引下，在短时间内摆脱了贫困，村容村貌焕然一新，村民生活不断改善。他说，当前，老挝正在全力开展扶贫脱贫，致力于摆脱欠发达状态，十八洞村的成功实践给老挝提供了十分宝贵的经验。自从本扬主席到访后，我们十八洞村走出了国门，走向了世界。现在，参观旅游的人更多了，人气更旺了，外国游客、国内游客一拨一拨地到十八洞村来，每天都像赶集一样。

2019年10月，根据组织的安排，我离开了十八洞村。我为自己曾参与十八洞村的建设和发展，见证了十八洞村的蝶变，为助推十八洞村走出国门而感到骄傲。

致老挝人民革命党中央总书记本扬·沃拉吉的信

尊敬的老挝人民革命党中央总书记本扬·沃拉吉：

您好！我们是中国湖南省花垣县十八洞苗寨的村民，提笔给您写信，我们非常激动。在老挝传统新年——泼水节即将到来之际，我们祝您以及老挝人民身体健康，工作顺利，阖家欢乐，万事如意！

2018 年 6 月 2 日，在满山透绿的季节，您到访我们十八洞村，这是继2013 年 11 月 3 日习近平总书记到村考察之后，我们山村第一次迎来外国元首到访，我们感到非常荣幸。您到访的故事，我们每个村民都在反复讲述，您到访的每个场景，至今历历在目。

我们感觉到，自从您到访之后，"十八洞"走出了国门，走向了世界。现在，到我们村来参观旅游的人更多了，人气更旺了，乡村旅游开发正在深入推进，我们村的苗绣产品已经成了赠送外宾的最好纪念品。

您的到访，对我们来说，既是荣誉，更让我们充满信心。近一年来，在上级党委、政府和有关部门的关心支持下，经过全体村民的共同努力，我们十八洞村进行了全面提质建设，道路更宽更平整了，村寨更美更清洁了，生产生活设施更加齐全更加方便了，群众的笑脸更多了，发展的机会也更多了。

您到访的石拔三老人家和施成富、龙德成老人家，他们现在身体很好，每天忙着招待客人。十八洞村像他们这样的普通人家，全部都加入了村里的产业合作组织，有的开农家乐，有的在务工，有的在集体经济入股，家里的收入一年比一年多。

今年 2 月，习近平总书记对我们十八洞村探索精准扶贫路子的做法和经验作了重要批示。我们觉得，我们有责任继续把十八洞村的扶贫故事写好，绝不能辜负了党和政府，辜负了关心帮助我们的人。

听您说，老挝还有 6% 的贫困家庭，也在和我们一样，致力于脱贫攻坚。我们真心祝愿老挝人民，一定会在老挝人民革命党的坚强领导下，摆脱贫困，过上幸福美好的生活。

我们热忱欢迎老挝同志和兄弟们来我们这里考察交流，互通有无，共同把中老命运共同体建设好！

现在，苗乡的山水又一次变绿了。我们相信，我们的友谊一定会像绿水青山一样，传承到永远。我们诚挚邀请您，在方便的时候，再到我们苗寨来做客。

最后，衷心祝愿您身体安康，生活幸福！衷心祝愿老挝人民的生活更加美好！衷心祝愿中老友谊万古长青！

十八洞村全体村民

2019 年 4 月

ເຖິງ: ປະຊາຊົນບ້ານ 18 ກ້ຳ, ຕາແສງຫລິງເຈັ້ມ, ເມືອງຮົວຢວນ, ແຂວງຫຸນນານ,
      ສປ ຈີນ.

ບັນດາສະຫາຍທີ່ຮັກແພງ,

ກ່ອນອື່ນ ຂ້າພະເຈົ້າຂໍສະແດງຄວາມຂອບໃຈເປັນຢ່າງສູງທີ່ປະຊາຊົນບ້ານ 18 ກ້ຳ
ບ່ອນທີ່ຂ້າພະເຈົ້າເຄີຍໄດ້ໄປຢ້ຽມຢາມໃນ ປີ 2018 ຜ່ານມາ ໄດ້ສົ່ງຈົດໝາຍໄປຍັງຢ້ານທ່ານ
ຂ້າພະເຈົ້າໃນເດືອນເມສາ 2019 ທັງໄດ້ສົ່ງຄຳອວຍພອນອັນປະເສີດ ໃນໂອກາດປີໃໝ່ລາວ
ໃຫ້ແກ່ຂ້າພະເຈົ້າພ້ອມຄອບຄົວ, ເຊິ່ງເປັນການສະແດງໃຫ້ເຫັນມິດຕະພາບທີ່ມີມູນເຊື້ອ
ລະຫວ່າງ ປະຊາຊົນສອງຊາດ ລາວ-ຈີນ.

ຂ້າພະເຈົ້າຍັງຈື່ບໍ່ລືມບັນຍາກາດອັນອົບອຸ່ນ, ສະໜິດສະໜົມຂອງຊາວບ້ານໃນການ
ຕ້ອນຮັບຂ້າພະເຈົ້າ ແລະ ຄະນະຜູ້ແທນລາວ ໃນປີຜ່ານມາ ແລະ ຍັງເຫັນໄດ້ບັນດາຜົນສຳເລັດ
ຮອບດ້ານຂອງບ້ານ 18 ກ້ຳ ໃນການລົບລ້າງຄວາມທຸກຍາກໃນໄລຍະອັນສັ້ນໆ ພາຍໃຕ້ການ
ຊີ້ນຳທີ່ສຳຄັນ, ຖືກຈຸດ ແລະ ຖືກເປົ້າໝາຍ ຂອງ ສະຫາຍເລຂາທິການໃຫຍ່, ປະທານປະເທດ
ສີ້ຈີ້ນຜິງ ໃນຊຸມປີຜ່ານມາ ອັນໄດ້ເຮັດໃຫ້ບ້ານ 18 ກ້ຳ ມີໃບໜ້າໃໝ່, ປະຊາຊົນໄດ້ມີຊີວິດ
ການເປັນຢູ່ທີ່ດີຂຶ້ນເລື້ອຍໆ. ຜົນສຳເລັດຂອງບັນດາສະຫາຍໄດ້ເປັນບົດຮຽນອັນປະເສີດໃຫ້ແກ່
ປະຊາຊົນ ສປປ ລາວ ພວກຂ້າພະເຈົ້າທີ່ພ້ອມສູ້ຊົນແກ້ໄຂຄວາມທຸກຍາກ ເພື່ອນຳເອົາປະເທດ
ຊາດຫຼຸດອອກຈາກສະຖານະດ້ອຍພັດທະນາໃນຕໍ່ໜ້າ.

ຂໍອວຍພອນໃຫ້ປະຊາຊົນບ້ານ 18 ກ້ຳ ຈົ່ງມີສຸຂະພາບເຂັ້ມແຂງ, ສືບຕໍ່ຍາດໄດ້ຜົນ
ສຳເລັດ ໃໝ່ໃນການພັດທະນາບ້ານຕາມແນວທາງຂອງພັກ, ລັດ ສປປ ຈີນ.

                                        ນະຄອນຫຼວງວຽງຈັນ, ວັນທີ 24 ເມສາ 2019

                                                ບຸນຍັງ ວໍລະຈິດ
                                    ເລຂາທິການໃຫຍ່ ຄະນະບໍລິຫານງານສູນກາງພັກ
                                   ປະຊາຊົນປະຕິວັດລາວ, ປະທານປະເທດ ແຫ່ງ ສປປ ລາວ

▲ 本扬・沃拉吉回信（原件收藏于湘西自治州档案馆）

致中国湖南省花垣县十八洞村的父老乡亲们

亲爱的同志们：

　　首先，我谨向十八洞村的乡亲们表示衷心感谢！去年，我曾到十八洞村进行考察。在 2019 年 4 月老挝新年到来之际，乡亲们给我送来了信函问候，向我及我家人表达了良好的祝愿，这充分体现了老中两国人民的亲密情谊。

　　去年考察期间，乡亲们给予了我及代表团一行亲切友好的接待，对此我仍记忆犹新。在中共中央总书记、国家主席习近平精准扶贫重要理念的指引下，十八洞村取得了全面的发展成就，在短时间内摆脱贫困，村容村貌焕然一新，村民生活不断改善。当前，老挝正在全力开展扶贫脱贫，致力于摆脱欠发达状态，十八洞村的成功实践给老挝提供了十分宝贵的经验。

　　祝大家身体健康，继续在中国共产党和政府路线的指引下把你们的村庄建设、发展得更加美好。

老挝人民革命党中央委员会总书记

老挝人民民主共和国国家主席

本扬·沃拉吉

万象市，2019 年 4 月 24 日

施芳丽

女，苗族，1996 年 2 月 9 日出生

2013 年 9 月嫁到十八洞村，现为花垣县人大代表、十八洞村经济联合社社员、十八洞村精准坪志愿者。

从"家门口"坐上飞机去北京

口述：施芳丽

整理：蔡　宙

"五星红旗迎风飘扬，胜利歌声多么响亮，歌唱我们亲爱的祖国，从今走向繁荣富强……"当这首歌在机舱里面唱响的时候，我激动得眼泪都掉下来了！能够亲身经历和见证湘西边城机场正式通航这一标志性事件和历史性时刻，我感到无比骄傲和自豪！

当我们走进边城机场，眼前的航站楼如凤凰展翅，勾勒出一条优美的曲线；2600 米长的跑道笔直宽阔，伸展在海拔 700 米的山丘之上；极目远眺，宛如一幅秀美的山水画。

当我们坐上飞机，从飞机窗户望出去，朗朗晴天，秀丽山河，附近的山头上、高地上，挤满了赶来看飞机的人，共同为湘西"航空时代"的到来而欢呼雀跃。

飞向北京的一路，飞机跨越祖国大好山河，机舱内鲜艳的五星红旗飞舞飘扬着、《歌唱祖国》歌声嘹亮，飞机乘务组为我们策划了丰富的庆祝活动，还准备了首航蛋糕、纪念明信片等惊喜。我们也用十八洞主题的苗绣工艺品团扇作为回赠。现场热闹非凡，感动人心。

作为亲历者，我永远都忘不了这一天，2023 年 8 月 18 日，我们湘西边城机场正式通航啦！这也是在精准扶贫重要理念提出十周年之际，"精准扶贫"首倡地湘西从此进入航空时代，民航助力巩固脱贫攻坚成果、全面推进乡村振兴、开启高质量发展新的篇章。

从前，湘西山长水远。如今，天涯咫尺，天堑通途。现在的湘西已经成为每个人触手可及的诗和远方。这座机场，饱含着社会各界与湘西人民的深切期盼，为湘西大地插上腾飞的翅膀，可以翱翔世界。

2013 年 11 月 3 日，习近平总书记来到十八洞村考察，在这里首次提出精准扶贫重要理念，作出"实事求是、因地制宜、分类指导、精准扶贫"的重要指示。从这一天起，我们找到了改变贫穷命运的"金钥匙"，从党中央到当地政府都对十八洞村给予了极大的关心和支持，十八洞村全体村民撸起袖子加油干，步入了改颜换貌的发展新时期。

在总书记来之前，我和丈夫一直在外省打工，2014 年开始精准扶贫时，我家被识别为建档立卡户。2016 年年底，我听说村里要搞乡村旅游开发，和丈夫商量以后就决定一起返乡，回到家乡发展。于是，在 2017 年 9 月，我们回到十八洞村，我正式当上了一名讲解员，丈夫在村里的合作社工作。记得在接受导游培训时，我就特别提醒自己，面对游客首先要亮明自己的身份是"十八洞村的农民讲解员"，突出"农民"两个字。当时我的想法是：咱是农民讲解员，讲得好，游客印象更加深刻；就算讲得不好，人家也不会那么挑剔。现在讲解员的水平与当初相比都不一样了，我们可以自豪地介绍："我是十八洞村旅游公司讲解员！"

讲解员的经历，让我收获很多。既了解了我的家乡，也让我的语言表达能力特别是普通话水平得到了很大的锻炼和提高。通过学习和锻炼，在

2021 年 12 月"致敬国家丰碑——全国红色故事讲解员大赛"的比赛中，我获得了"新媒体赛段优秀讲解员"；在 2022 年 7 月 1 日花垣县举办的"弘扬脱贫攻坚精神，讲好十八洞故事"讲党课比赛中，我又获得了三等奖。2021 年，我被推选为花垣县的人大代表，这将更加激励我努力工作，为家乡建设贡献自己的青春力量。2022 年 6 月，我转调来到了十八洞村湖南国强文化公司，做起了精准坪志愿者，主要向游客朋友们介绍苗族特色文化、诗歌文化和茶文化，致力于用地域文化助力乡村振兴。

十年光华，小山村得到了精准蜕变，成为新时代的红色地标。

十年光华，寨子里的泥泞砂路被铺上了青青石板道，还通了公交车。

十年光华，十八洞村从高速梦、高铁梦到航空梦，从跑起来、快起来到飞起来，湘西人民追逐伟大民族复兴中国梦湘西篇章的坚定脚步，生生不息，从未停止。

如今，村里的产业收入可以分红了，山泉水可以卖钱了，旅游业发展起来了，诗歌茶文化也丰富起来了，这一切让村里的面貌焕然一新。

现在，村里路修好了，40 分钟就能到达吉首。如今，在机场通航之后，一天就可以到全国各地。我们都可以坐上飞机，见见世面，开开眼界。

当我真正坐上飞机的那一刻，好像做梦一样，马上就要坐飞机去北京天安门看升旗了，又期待，又激动！我和村民代表共 58 人，和其他游客、商务人员和媒体记者代表等一同搭乘从湘西边城机场起飞的首航客机，体验了从"家门口"直飞首都北京的便捷与快乐。

当时，我们村党支部书记施金通在给民航局的一封信中这样说道："湘西边城机场的建成通航，必将加快十八洞村的旅游发展和乡村振兴步伐。希望能在航线航班开发方面给予关心支持，特别是能开通湘西—北京航线，圆广大村民到北京的梦。"如今，梦想是真的实现了。这既是 300 万湘西人民翘

▲ 施芳丽和十八洞村村民在北京天安门广场合影

首以盼的大喜事，也是湘西交通建设史上的里程碑。

就在此刻，不知道谁轻轻地说了一句"终于圆梦了"，在场的人们都笑了，有的人眼眶却湿润了。

边城不边，千年梦圆！现在，我们不仅走出了大山，还通航坐上了飞机，飞向了蓝天。湘西边城机场的顺利通航，让山美、水美、人美的湘西边城，让十八洞村小小苗寨从此多了一扇通往世界的窗口。湘西十八洞村，距离首都更近，距离世界更近。我相信，湘西的未来，十八洞村的未来，将飞得更远、飞得更高、飞得更美！

石　慧

女，苗族，1995 年 8 月出生
中共党员

　　花垣县麻栗场人，2016 年 7 月参加工作，2022 年 6 月嫁入
十八洞村。现为花垣县麻栗场镇中心小学副校长和六年级数学
老师。

嫁回农村了

口述：石　慧
整理：李安琪　代尚锐

2011 年，我初中毕业，尽管成绩比较好，但父母给我做工作，讲家里弟弟妹妹还小，外公外婆年纪也大了，一家人负担还很大，让我去考民师（吉首师范大学）定向生，一毕业就有工作，女孩子有份稳定的工作比什么都重要，再加上做老师也受人尊敬。我本来想读高中考大学，但我还是遵从了父母的希望报考了民师，并且以优异的成绩考上了民师。2016 年，我毕业回到家乡，成了一名人民教师。2017 年 8 月，我调回自己镇上学校（麻栗场镇中心小学）。在这个学校里，我兢兢业业地教书育人，先后担任过教务副主任、资助专干、教科室主任等职务。因为工作干得好，我和同事们相处也很融洽。到了适婚的年龄，好友们都在给我张罗身边的优秀男士。那时，我根本就没想到，我的另一半会来自十八洞村。

2020 年，十八洞村举办了相亲会。当时，政府和学校都鼓励我们单身教师去参加。我也只是抱着试一试、看一看的态度参加了相亲会。也就是在这次相亲会上，遇上了我生命的另一半——施康。当时，他是毕业返乡的大

▲ 石慧在上课

学生，还没有工作。在相亲会上，其他人都在和女孩子聊天，只有他不是，他就坐在旁边看。所以我就对他很好奇，觉得这个阳光帅气的男孩子有点神秘。后来，我们通过抖音号进一步交流和了解，又相互加了微信。再后来，我们就一起出去玩、慢慢相处，自然而然就确定了关系。在确定关系后，亲戚朋友和家人劝我要慎重，特别是我的亲人表示反对。他们换着法地给我做工作，希望我及时"止损"。我听过最多的就是："你父母辛苦盘（供）你（读书），现在你有工作了，怎么还找个没工作的，又走回头路，要当一辈子农民吗？"说实话，我是在农村长大的，自然很了解老人的想法。在他们的传统思想里，自己有个稳定工作了，肯定要找一个有工作的，这样的双职工家庭才会稳定，社会地位才会高，这是上一辈人根深蒂固的想法。

然而，时代在进步，农村在

发展。特别是开展精准扶贫以来，全国的农村都在发展和改变。作为"精准扶贫"首倡地的十八洞村，更是发生了翻天覆地的变化，一派生机勃勃的景象，到处充满了发展的机遇，一点儿也不比城里差。虽然反对的声音很多，但我依然很坚定地和施康走到了一起。因为我和他有着为家乡做贡献的共同理想，这是我心里最清楚的，而且我也相信，即便现在他没有稳定的工作，没有高额的收入，但是他为家乡做贡献的决心是无价的，这些都会化为财富为我们的未来铺路。2020年，我与施康两人结合各自的优势，通过短视频直播带货，为滞留在村里的农副产品打开了销路。我们通过新媒体为家乡旅游做宣传，吸引更多的人来到十八洞村，助力旅游业发展。渐渐地，施康这个返乡青年的所作所为也被很多媒体报道，他也被之前反对的亲人同事所认可，我家人反对的声音也越来越小了。

2021年，在湖南、湖北两省联办的"书说百里路 启航新征程"红色故事讲书人大赛中，我作为镜头前的讲述者，施康作为镜头后的技术员，配合完成了一个作品。这个作品让更多的人看到了我们的优势互补，大家也不会再说"石慧怎么会和施康谈对象"了。后来，我们也就顺理成章地谈起了恋爱，见了父母。2022年4月，湖南卫视倾情打造的婚恋节目《中国婚礼——我的女儿出嫁了》节目组导演在找素材的时候，听说湘西十八洞村有我们这样一对青年，他们主动联系了我们。本也有结婚打算的我们就答应了他们的录制。惊喜的是节目播出之后，我俩的乡村爱情故事感动了无数人，给新时代青年树立了良好的榜样和正向的婚姻价值观，我们的故事感化了更多的年轻人回到家乡、建设家乡。同年5月，我们受到湖南省图书馆的邀请参加《真人图书馆：乡村振兴 有你有我——十八洞村与我们的故事》，从个人理想谈到家国情怀，让广大读者朋友和志愿者从另一个角度感受到十八洞村摆脱贫困，通过精准扶贫走向世界舞台的巨变。

出生于农村，通过考试离开了农村，实现父母的愿望。然而，因为爱情，我又"回流"到农村，在这片广袤的土地上书写着我和施康奋斗的青春，回报我们的家乡。

麻秀珍

女，苗族，1990 年 5 月出生

现为十八洞村中国邮政扶贫便民邮政局聘请的工作人员。

我也成了名人

口述：麻秀珍
整理：谭秀华　刘亮晶

2017年2月14日情人节这一天，我来到十八洞村工作，因为这一天很特别，所以我记得特别清楚。我现在在扶贫便民邮政局售卖纪念品、土特产，帮助村民将好的产品销往外地。我老公的工作也在这附近，他负责给工程队开车运货。

来十八洞村之前，我在镇上和别人一起合伙经营一家移动营业厅。乡里人流量也不大，加上行业竞争太大，生意也不怎么好做，加之是和别人合作开的店，每个月收入并不多。2017年，刚好看到中国邮政在我们十八洞村有一个扶贫公益项目，要建立一个扶贫便民邮政局。很幸运最终得到了这个岗位，让我在家门口实现了就业！

说实话，我是一个很传统的人。别的年轻人都在想方设法地往外跑，都想去大城市发展，但我不一样，我就想留在生我、养我的地方，待在我的父母、孩子身边。我觉得在外边挣再多的钱也抵不过陪伴家人。特别是当了母亲以后，这种想法更加强烈了。因为我有两个小孩，所以感触特别深。孩子很快会长大的，父母能陪伴他们的时间很有限。他们完全依赖父母的时间其实只有三年。三岁以后他学会了走路、说话，马上就要开始上学，慢慢地就远离你了。到了中学，像我们这地方，小孩就要开始寄宿，半个月或者一个月才回家一次，能够陪伴他的时间其实很少很少。我是很反对女孩子外嫁的，当然也可能是我自己的思想有点落后，但我心里就是这样想的。因为女孩子一旦外嫁，一般就很少回来了，可能一个星期半个月才联系一次。虽然现在打电话、视频很方便了，但是如果家里边有什么事情的话，老人家有个什么病痛，第一时间是很难赶到的，而且很多老人都怕给孩子增加负担，又心疼路费，又怕耽误小孩工作，有的都瞒着你。另外你请假什么的也不方便，然后假期又有限，回来待两天又要走。像我现在就很方便，家里有什么事情，我骑电动车十几分钟就能到。甚至我阿乃（妈妈）炒个好吃的菜叫我回家，我都可以随时出发，很方便。所以，我的愿望就是不远嫁，让我在家门口就业，有稳定的工作。

现在，我觉得我最大的任务就是努力赚钱，尽我所能地给我的小孩一个好的教育环境，让他们接受良好的教育；尽我所能地照顾好双方父母，给他们一个舒适的晚年。现在，我都不出去旅游了，有机会我都愿意让给我家里的老人，比如我阿乃、阿巴，还有我姑姑（婆婆）和姑爷（公公）。在我们苗族有"施麻不开亲"的说法，施麻本来就是一家人，这是上面一代代传下来的。所以我就叫我婆婆为姑姑，叫我公公为姑爷。平常有组团跟团去哪里旅游之类的活动我都很支持他们参加。只要他们走得动，我都很乐意出钱让他们出去多玩玩、多看看。父母养育我们不容易，大半辈子都没有出去玩过，做子女的有时候也想力所能及地让他们享受享受。

我阿乃和阿巴现在都五十多岁了，姑姑六十多，姑爷七十多岁，年纪都比较大了，现在就是趁着老人家还能走得动，精力还跟得上就让他们多走走，多玩玩。我们现在还年轻，以后有的是机会和时间，所以这些出去游玩的机会我会优先给家里老人。

在这里工作还有一个最大的好处就是能见到好多名人，经常上电视！这哪是我以前能够接触到的？别人看明星都得买票，有的票买不到还要抢，而我在家门口就能轻轻松松见到名人，还能和名人合影！我手机里面已经储存了很多和名人的合影了，像董卿、宋祖英、康辉、韩红等我都见过，还有好多我记不得名字了。我是一个喜欢记录生活的人，拍了很多照片，都在朋友圈分享。还有好多人我都认不得，但他们应该都是名人。我朋友圈里的好友可羡慕我了，能和好多名人近距离接触，有时候还能上电视。好多人来这里录制节目，都是在我这里换衣服。还有来这里助农、直播带货的名人，当时也是由我来给他们介绍产品的。说实话，这份工作带给我挺多优越感的，这是 30 年来我从未有过的体验，像我们这种农村妇女，换作以前，哪能见到这么多人，更别说近距离和他们接触、交流了。所以，我真的很感谢咱们政府有这么好的政策，让我从中受益了这么多。我也算是见过大世面的人喽。

刚来十八洞村那会儿我的底薪只有 2600 元一个月，不过好在公司给我交了五险。那时候十八洞村卖土特产的店铺很少，还没有专门卖土特产的。当时一天营业额 1000 多元，我都觉得生意不好。有一天，一个客户找我买特产就买了 10000 多元。现在我还在微信等一些平台上拓展销路。比起在外地打工，我觉得我现在的工资更值钱。在外面打工，吃也要花钱，用也要花钱，住也要花钱，零零碎碎下来要花挺多，到最后其实也不剩多少。现在因为在家门口工作，吃的住的几乎都不用花钱，所以每个月到手几千块钱工资差不多都能存下来。

在家门口就业，我感觉太幸福了！

周 娟

女，汉族，1988 年 8 月出生

娘家在湖北武汉，2008 年嫁入十八洞村飞虫寨，2017 年应聘为十八洞村山泉水厂质检员，现为十八洞村山泉水厂品质部经理。

妈，您当年白哭了

口述：周　娟

整理：田元伟　韩志强

我是从武汉嫁到十八洞村的外地媳妇，来这里已经15年了，早就把十八洞村当成了自己的家。

我和我老公隆兴庆是在浙江打工认识的。刚认识的时候，他告诉我，他的老家在十八洞村，是湖南湘西出了名的贫困村，条件很差。谈恋爱那会儿也没多想家庭条件、贫富问题，我主要是看中他勤劳诚实。再说，我认为就算条件差一点，也不会差太远啊。谈了几年，他带我回村过年，来之前我做好了心理准备。来了以后，心里那种落差简直就像从珠穆朗玛峰上掉下来一样，这里简直和外面世界脱节了。坐车进来，第一次体验这么曲折、这么烂的山路，一路晕车。一路进来，沿路经过好多户人家，路边的房子有的是用竹子夹的，有的是牛屎墙。到了他家，家里也没有像样的家电，厕所边上还养鸡。村里的人都不会讲普通话，交流困难，全靠我老公翻译。在这里我最怕的有两件事。一是洗澡。没有卫生间，就躲在猪圈旁边洗。洗澡时，猪就在旁边叫，叫声吓死人，更怕它从猪圈冲出来。二是上厕所。厕所就是在地上挖个大坑，上面架了两块板子，第一次去根本不敢下脚。

当时嫁过来，我爸妈都是极力反对的，我讲是我自己喜欢，自己选择了就无怨无悔。其实，我也有点顾虑，这么穷的地方，要奋斗多少年才能有好日子过啊？我老公就开导我，我们好脚好手的，只要肯做（勤劳），以后日子会好起来的。2008年，嫁到了这里，我爸送我过来。我爸看到这里穷成

▲ 十八洞村生产的优质山泉水

这个样子，心疼得不得了，一个人坐在那里"吧嗒吧嗒"地往下流眼泪，恨不得当场就把我拉回去。我爸打电话把这里的情况给我妈讲了，我妈在电话里就哭了起来，又是责怪我又是心疼我，问我"是不是脑壳搭错筋了"。后面我爸给我讲，我妈哭了两天两夜，我嫁到这么个穷地方她不放心，眼睛都哭肿了。现在我妈眼睛不好，就是为我哭坏的。

2013年11月3日晚上，屋里老人家打电话给在外打工的我们，讲习近平总书记来村里了。因为老人家没有文化，我怀疑他们是不是讲错消息了。后来，我专门上网看了新闻报道，才晓得是真的。确定消息是真的后，我第一时间打电话把这个事情告诉了我爸妈。我爸还开玩笑地讲："你们村里肯定会发展很快，老百姓的日子也会越来越好，你妈可能要白哭了哦。"2014年以后，我们村跑步发展、跨越发展，一下子就和外面接上轨了。道路越来越宽，青石板路铺到了家门口，自来水直接进了屋，网络也通了，在家就可以用 WiFi。对我来讲，最高兴的就是新修了卫生间，再也不怕上厕所、洗澡了。

2017年以前，村里还没有适合我的工作，我一直在外面打工。2017年6月，步步高集团准备在十八洞村建水厂，并向村民招工，我就马上赶回来应聘。我打工时也从事过质检工作，因为有点文化和质检基础，所以很顺利地面试上了水厂质检员的岗位，负责检验瓶装山泉水的水质工作。上级很重视我们水厂的建设，还安排我到长沙理工大学培训，去了解、熟悉水的检测和化验工作，我也拿到了资格证。我记得那年10月要召开党的十九大，我们上上下下齐心协力，准备用十八洞村山泉水向党的十九大献礼。

在建设水厂时，最难的就是修路。山泉水厂选址选在山谷里，要转好多个弯才能下去，那年夏天又下了好久的雨，导致山体滑坡，路修了断，断了修，反反复复修路。摩托车也骑不下来，工人每天上班，就是穿胶鞋（雨靴）爬下去，又爬上来。那时候好多男同志干脆就睡在车间，守厂，每个人都像打了鸡血一样，不晓得疲惫。2017年10月8日，十八洞村山泉水厂终于在党的十九大召开前正式建成投产。

水厂建成后，村里的山泉水变成了"致富水"。公司每年以"50万+1"（50万元保底，每卖出一瓶再注入1分钱到村集体收益中）的形式向村集体分红。水厂还解决了好多村民的就业问题，我们厂就有三四十个工人，每月的工资都有两三千元，加班还有加班工资。2018年，厂里让我当品质专员，专门负责监督和检查产品品质，后来我又担任水厂经理，一个月保底收入都有三四千元。我现在的主要职责是负责山泉水的水质，让更多人尝到十八洞村的优质山泉水。

从以前到外面打工，到现在在家门口就能就业，每天下班以后就可以回家照顾老人和小孩，我觉得很幸福。我把这些年村里的变化和当上经理的消息给我妈讲了，我开玩笑地和她讲："妈，您当年真是白哭一场，我现在的日子好过得很。"

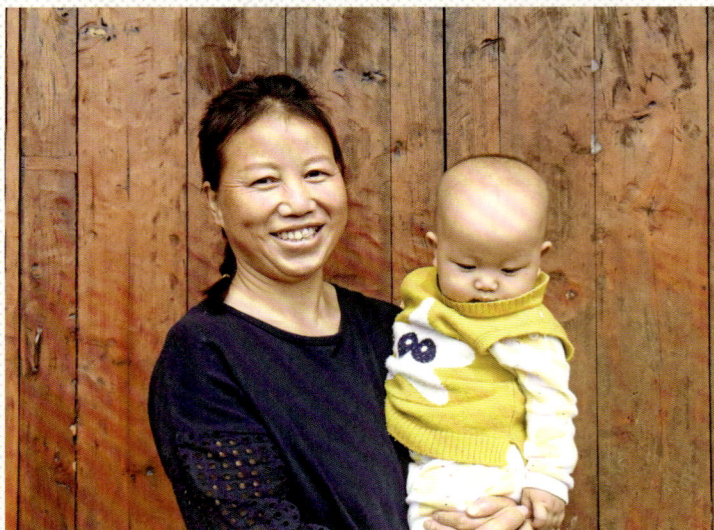

石邦美

女，苗族，1980 年 2 月出生

现为十八洞村竹子寨村民。

终于比娘家条件好了

口述：石邦美
整理：欧阳静　李安琪

　　我是 2008 年嫁到十八洞村竹子寨的，娘家是花垣县石栏镇，现在有三个孩子，老幺（最小的孩子）半岁了，已经开始长牙齿了。

　　我嫁过来时，娘家条件比这里要好多了。小时候，家里条件也不好，我只读到五六年级就没再上学了，那个时候家里也没有读书的氛围，因为缺少劳动力，没人帮忙干活，所以放学一回来就会被叫去搭把手，做点小活（小事）。但是，要和这里比起来，那还是好多了。起码我们石栏镇比这里平多了，田也比这里多，公路比这里直、宽。我们从石栏镇出去找活干也很方便，无论是去镇上还是去地里，很快就能到。十八洞村出去就不方便，那时一天可能只有一两趟车出去。还有就是这里山大，田不多，一家就分了一点点田，那都是雷公田，得看老天爷脸色赏饭吃。

　　我和我老公，是在浙江台州打工的时候认识的。他是我玩得好的朋友给我介绍的，朋友说他人很好。我们相处以后，我感觉他人确实还是不错的。

我以前从没有到过十八洞,之前到底是什么样子的,我也不清楚。第一次来这里时,我心里都是拔凉拔凉的。当时,我是坐我老公的摩托车来的。那时,这边的路修好了,也硬化了,但就是弯弯绕绕,路面又窄。我们一路骑车,累了就在池塘边歇息一下。我就问,你家在哪里,怎么还没到?他就指着竹子寨的方向讲,你往上面看,那个寨子就是我的家。我对着前方一看,心里一下就凉了半截。寨子就在半山腰,到处都是山沟沟,公路一弯一绕向上延伸。看起来不远,骑车却要花一段时间。万幸的是,沿着这条路,可以一直骑到他家大门口。而且,这儿的房子也是很破旧的,卫生环境也不好,就在房子旁边养鸡养鸭。我老公家的条件也就一般般。我当时开玩笑和他讲,到这里就只看上两点:一是你人好,勤劳上进;二是这条公路虽然又弯又窄,但一直通到你家门口,不要再爬坡走路了。结婚后,我们就出去打工了,在家里也没有什么挣钱的工作。

2013 年以后,这里就发生了大变化。县里派了扶贫工作队到村里,和大家一起商量发展,帮助我们一起脱贫。之后村里的变化那就太大了。公路变宽变直了很多,每天都有车来来往往的,我家门前这个小型停车场经常停满了车。再看现在的环境,干净整洁了好多,再也不像以前那样乱七八糟的。大家的卫生习惯都好了,屋前屋后都打扫得干干净净,垃圾都不乱扔了。大家都知道来十八洞的游客这么多,谁要是不讲卫生,就是影响十八洞的好形象。保洁员每天都来打扫卫生。还有一个大变化,我们村产业发展得好,很多人都可以在家门口找工作。梨子寨那边,好多村民都可以在家门口摆摊做生意。还有旅游公司、十八洞村山泉水厂、民宿酒店都招了很多人。年纪稍微大一点的村民,可以去当保安,每个月收入也不错。我家嘛,还是比较特殊,你看我老么才几个月大,婆婆前年也不在了,没人帮我带孩子,我就不方便出去上班。但是，我经营了一个小卖部，卖点东西挣点零用钱。我老公就是我们村的村医，加上政府的补贴，一年也还是有些收入的。现在的生活条件，比以前好多了。

现在，我经常和我老公讲，村里还是发展起来了，终于比我娘家条件好了哦。

吴满金

女，苗族，1987 年 1 月出生

　　2017 年 1 月嫁入十八洞村竹子寨，现为十八洞苗绣乡村振兴示范基地负责人。

嫁对地方嫁对郎

口述：吴满金
整理：代尚锐　李安琪

　　我的娘家在花垣县双龙镇板栗村。板栗村与十八洞村同属一个乡镇，相隔不远。以前我也来过十八洞村，这个村在山沟沟里，破破烂烂的，一条泥巴路连接外面。我记得是 2015 年，十八洞村组织了一次相亲会，我也报了名。我来报名，主要还是十八洞村名气太大了，全国人民都知道这里是习近平总书记提出精准扶贫的地方，所以我抱着试一试的态度来这里相亲。刚到村子的时候，我大吃一惊。几年的时间这里的变化太大了，窄窄的泥巴路变成了宽宽的水泥路，村寨的入户路铺的都是青石板，家家户户门前门后都打扫得干干净净，自来水、网络都通了，一批批游客来这里参观，人气非常旺。当时我就想，现在这个村比我们村发展好多了，这么多的游客，加上十八洞村的名气，只要勤劳肯做，做个生意养家肯定是不成问题的。

　　在相亲会上，主持人介绍到一个叫龙先兰的小伙子时，他上台就说："我不会唱山歌，也不会跳舞，但有的是力气，给大家展示一下子做十八个俯卧撑。"他真的一下子做了十八个俯卧撑。我当时就被他这独特的自我介绍形式吸引住了。我偷偷地观察他，感觉他长得还比较帅，方正的脸，有神的眼睛，就是有点老实、害羞。在相亲会接下来的长桌宴上，我看见县电视台在拍摄，就赶快溜走了，因为我是瞒着家里的人偷偷来报名的。后来听说，他还在到处打听我。

在扶贫工作队和亲戚朋友的牵线下，我们终于见了面。他给我的第一印象就是不自信，但人很本分。他给我讲了他的家庭情况，他的父亲喜欢喝酒，喝醉了还动手打人，他的母亲受不了就改嫁了。不久，他的父亲生了一场大病过世了。后来，他家里唯一的亲人——妹妹也因为一场意外不在了。现在，他处于一人吃饱全家不饿的状态。他还告诉我，他曾经是全村有名的"酒癫子"，经常醉得找不到家。也因为名气太大，前面介绍了几个姑娘都谈黄了。从他的眼神里，我感受到他的真诚实在，并没有隐瞒他的过去。其实，我也很理解他，在那么小的年龄，孤孤单单的一个人遇到了这么多磨难，看不到人生的希望后自己堕落了，这也是正常的事。我们都是平凡人，不是什么大英雄，在苦难面前，一下子没想通躺平了，也是可以理解的。他又不是干了什么坏事，关键还是要人的品质好。我就说，现在十八洞村发展这么好，机会这么多，你如果真的改变了，我们可以继续谈下去。

我和先兰的事，很快就被我父母知道了。双龙就这么大个地方，很多都是亲连亲的，只要一打听，别人几代人的事情都能问得清清楚楚。我父母坚决不同意我们交往，专门给我讲了两点理由：一是他家两代人都是有名的"酒鬼"，要是他喝醉了打你怎么办？二是他家里只有他一个人，家里底子又不厚，家里有事谁来帮你们？我和我父母亲讲，先兰已经改了，现在开始养蜂，不喝酒了。再说，现在家庭底子薄一点，我们自己可以挣钱，现在十八洞村的发展形势这么好。无论我怎么讲，还是没有说服我的父母。

那时我很年轻，有点年轻气盛，更重要的是我相信自己的眼光。我索性搬到了十八洞村，在一家农家乐帮忙洗菜洗碗收拾屋子，一个月两千多块。来十八洞村后，我和先兰接触就更多了。他给我更加详细地讲了他家里的情况，讲了他以后的人生规划。这样，我们更加了解彼此，我也坚信选择他不会错。我记得是一个下雨天，先兰带我去他家。到他家里一看，确实把我吓了一跳。房子漏水，他放了一个盆子接水。一堂屋都是垃圾，乱七八糟的。他连床都没有，就在堂屋的角落打了一个地铺，四周都是垃圾，真的和狗窝差不多。先兰也觉得不好意思，他说主要是这段时间养蜂太忙了，平时不是这样。我说，过去是什么样子我不清楚，从现在起就要改变了。我们一起打扫卫生，搞了大半天，足足装了5麻袋垃圾。

我是自己跑出来的，父母非常生气，我也不认错，关系就这么僵持着。先兰又不敢去提亲，这么相处也不是办法。扶贫工作队队长龙秀林大哥、村书记施金通带领村干部一起帮先兰出主意，一起到板栗村去提亲。秀林大哥说先兰是他兄弟，还有这么多村干部都是他的亲人。他们把先兰家里的事和养蜂的事情都给我父母说了。听了先兰的事情，加上这么大的排场，我的父母都感动了。我父母看见他确实变化了，能有这么多人帮他来提亲，说明他人缘很好，就同意了这门婚事。2016年的腊月二十五，我与先兰在十八洞村热热闹闹地举行了婚礼。

结婚后，我和先兰一起养家、一起创业。我现在被十八洞苗绣文化产业有限公司聘为店长，就在十八洞村带领我们苗家阿婆、姑娘一起做苗绣，一起创业致富。先兰的养蜂事业也越做越大，光2018年一年卖蜂蜜的收入就是20多万元，一年就脱贫了。我们在花垣县城买了房子，还买了吉普车，生活越来越好。男怕入错行，女怕嫁错郎，我庆幸，没有嫁错人。

回想起当初"固执"的选择，不仅仅是我相信自己的眼光，更是相信好时代、好政策，庆幸自己坐上了十八洞村这趟高速发展的"动车"。

石梅芳

女，苗族，1985 年 4 月出生

　　花垣县双龙镇鼓戎湖村人，原建档立卡贫困户。2015 年嫁到十八洞村飞虫寨，现在主要在十八洞村苗绣合作社从事刺绣。

"骗"来的幸福

口述：石梅芳
整理：韩志强　李安琪

　　我的娘家在花垣县双龙镇鼓戎湖村。我现在是十八洞村的媳妇，家里有两个儿子、一个女儿。我在苗绣合作社当绣娘。

　　十八洞村与我的娘家相隔不远，都是双龙镇管辖的村。我很小的时候就来过这里，因为有个亲戚在这边。虽然来这里次数不多，但是对这里的记忆还是很深刻。我第一次来十八洞村时，有六七岁吧，是和父亲来这里走亲戚。我们坐车也只能到大公路（国道）旁边，然后走进来。那次，刚好下点小雨，又是泥巴路，非常不好走，裤脚都沾满了泥巴。一路走走歇歇，光走进寨子都用了好长时间。来到这里以后，我记得最清楚的就是没有通电，这里的人家要么用以前那种煤油灯，要么就是靠烧火当作灯来照亮。自来水那就更不要想了，家家户户都是靠背水。当时，这和我家比起来，肯定是差远了。我父亲开玩笑地和我说，以后可不能嫁到这里来，吃大米饭都难。我读书以后，就越来越少来这里了。

　　不读书后，我就去浙江金华打工了。到了2014年，我29岁都还没有嫁出去，可把我父亲愁坏了，他们很着急。父亲又不想我嫁远了，最好就在双龙镇附近，这样的话离娘家也近，他们可以随时看我。如果娘家有什么事，我回去也方便。刚好十八洞村的亲戚给我父亲讲，想在十八洞村给我介绍个对象，这时的父亲一百八十度大转弯，他很乐意把我嫁到十八洞村。父亲担心我不会回来相亲，打电话给我讲，有空或者过年回来了，就带我去十八洞村走亲戚，顺便去那边旅游。他说，2013 年，习近平总书记来了十八洞村，那里变化很大啊，路面都很宽了，再也不用走泥巴路了，还有很多外地游客来那里参观，那儿肯定会越来越好。现在那边年轻人越来越多，说不定还能碰见合适的男朋友呢。其实，我也知道父亲的用意，对十八洞村也充满了期待。想看看到底有什么变化，但是心底仍然不太相信会有多大的变化。就这样我抱着试一试的心理，被"骗"到了十八洞村。我到这里时，村里才刚开始发展，路面正在拓宽，各种建设正在搞，家家户户门前都打扫得干干净净。当时的我，就感觉十八洞村和以前不一样了。刚接触时，我觉得他勤快肯做，人又实在。相处了一段时间以后，我们就结婚了。

2015 年，十八洞村还没有这么多产业，就业的机会也没有现在这么多。为了生活，我老公继续在长沙打工，他主要是做铝合金加工，一个月能挣6000 多块钱。我自从有了孩子，就没有出去打工，因为家里有老人，然后又有了两个孩子。我老公和我讲，孩子太小，把他们放在家里给父母照看还是不放心，老人年纪大了照顾不过来，得我们自己来照顾，以后还要给孩子辅导作业。再说，村里慢慢地发展起来了，也可以在这边找到工作。可能也是我的运气好，我留在家里没多久，村子里就成立了苗族刺绣合作社，动员我们留守妇女参加刺绣培训，说刺绣就是我们村要发展的产业之一，我们以后坐在家里动几下手就能赚钱。在经过几个月的培训后，我很快就学会了刺绣，并且掌握了很多技巧，绣出来的花样很多，比如花、鸟、鱼、蝴蝶等。

现在十八洞村的产业可多了，在家门口就业的岗位也很多，但是我还是干我最喜欢的刺绣。我每天早早地起床，给家里的老人和孩子做好饭，就来合作社上班，做我喜欢的刺绣工作。我一个月的工资，加上在停车场摆摊卖绣品的钱，能挣到 2000 多块钱，下班后，我就和孩子们在一起，给他们辅导作业，同时照顾家里的老人。周末的时候，我还可以带孩子们回娘家。这样一来，挣钱和顾家都不耽误。

石拔松

女，1975 年 11 月出生

苗族，花垣县双龙镇马鞍村村民，现为十八洞村戴雅苗绣针织专业合作社学员。

我到十八洞学刺绣

口述：石拔松

整理：刘亮晶　李安琪

我现在在家带孙子，空闲时就到十八洞村这边来学刺绣，挣点零用钱。

我们马鞍村与十八洞村挨在一起，以前条件相差不大，可能我们那边地势要平一点吧。在农村，和现在比，大家那时都苦，我算是运气好一点，是家里的幺妹儿（最小的女儿），父母比较疼爱我，小时候没做什么重活，家里的脏活、苦活、累活都由哥哥姐姐做了。长大后嫁到了马鞍村，就要经常干农活，种谷子、种苞谷都搞过，要说苦，那都习惯了，主要是没钱。比较起来，最苦的事应该算是种烟叶。那时种烟叶相对来讲赚钱一点，十八洞村也有很多人种烟叶。种烟叶也很有讲究，需要换地方种，不然会破坏土质，这也算一件麻烦事。那时，一块地种一年烟就得种两年苞谷（玉米）或者红苕（红薯）。但这些都是小事，最难的是烤烟，它最是磨人。烟叶卖得好不好，关键就在于烟叶烤得好不好：烤久了就煳了，颜色不好看；烤的时间短了，味道不行。烤烟的关键就在于对火候的掌握。所以烤烟过程是最难熬的，连续两天两夜都没得觉睡，要守着火掌握火候，一不小心就会烤煳了。

前前后后几乎要熬夜半个月。一年下来，也有一两万块钱。2002年以后，我就一直在外面打工，一个月工资慢慢涨到了4000块。但是因为在外头嘛，租房子，交水电费，一个月下来开销也是挺大的。打工期间，回来的次数也不多，因为路费又是一笔不小的开支，能省则省。以前交通又不方便，坐火车得挤个半死。到了吉首，半天找不到班车，和现在是不能比的。

2013年11月3日，习近平总书记来到了十八洞村看望乡亲们。当时，和我们一起打工的十八洞村的老乡都很开心。大家见面都会说："你晓得没，习近平总书记到村里了。"被问的人往往会骄傲地说："比你还先晓得，屋里打电话都讲了。"其实，我们也开心，因为总书记牵挂我们这些大山里的苗族老百姓。不是讲了要精准扶贫吗，我们那里肯定也一样会发展。后面，大家都看到十八洞村发展很快，和我们在一起打工的十八洞村人陆陆续续回家了。当然，在精准扶贫政策的指导下，我们村也发展起来了，拓宽公路、修厕所、改造房子、救助贫困学生、合作医疗报销等都越变越好。我们村也有年轻人开始回来创业了，只是没有十八洞村那么多。

我孙子出生以后，儿子就叫我回来帮忙带孙子。回到家以后，我们村干部讲，十八洞村有好几家苗绣合作社，我们村的绣娘有空都可以免费去学苗绣，学会以后可以接单赚钱。我想还有这种好事，免费教学，还能接单子赚钱，我和村里几个绣娘约好后就报名了。我是和我们村几个人一起来的，大家一起走过来讲讲话，时间过得快一点。再说，她们很多人都比我水平高，可以教一下我。刚开始学的时候，我还有点儿害怕，怕我没基础，学得慢。来这里学习后发现像我这种一丁点儿都不会的人也有很多，她们培训一两次就会了。当然也有厉害的，像我们村和我一起来的几个大姐，她们以前做过针线活，本身就会一点，所以学起来就很快，她们中的很多人都开始接单子赚钱了。到这里了解后，才晓得订苗绣的单子很多。虽然现在机器可以绣，

▲　石拔松学苗绣

但是和人工绣的相比，还是有很大差距的。机打的，你一看就看得出针法很乱，而手工的就很精致，很有纹理。这种技术很难掌握，双面绣是很考验技术的。因为我才刚刚上手，所以，现在就只能做一点最简单的。

　　以后等孙子长大上学了，我还要接送他们上学，想要再出去打工是不可能的了，基本上都要待在村里了。所以，我要尽快学会苗绣，争取早点和她们一样接单，一个月赚个几千块钱，在带好孙子的同时，还能挣钱养家。

张　明

男，汉族，2001 年 3 月出生
中共党员

　　湖南株洲人，毕业于湖南机电职业技术学院，现为大学生西部计划志愿者，主要在十八洞村接待大学生调研、支教等。

以青春之名，赴十八洞之约

口述：张　明

整理：代尚锐　韩志强

2022年6月我大学毕业后便从长沙来到花垣县双龙镇做了一名志愿者，这是我步入社会后的第一站。目前，我的主要任务就是在每年暑假协助来自全国各地的大学生开展好"三下乡"等工作。西部计划志愿者有一句宣传语："以青春之名，赴西部之约，用一到三年不长的时间，做一件终生难忘的事。"这句话激励着我奋勇前行。

十八洞村作为"精准扶贫"首倡地，每年暑假都会有来自全国各地的大学生进行社会调研和暑期"三下乡"社会实践。而我作为一名西部计划志愿者，在十八洞村工作，每天我都可以见到不同的人，可以同他们交流和学习；也可以接触到全国各地的大学生，给他们讲述十八洞村的故事。但是，如何给来自全国各地的大学生讲好十八洞村的故事，对我来说既是一种考验、一种磨炼，更是一种光荣、一种自豪。说考验和磨炼是因为我担心自己讲得不自然、不深入、不动听，学生们对我讲的不感兴趣，不能深刻了解十八洞村的精彩蜕变。说光荣和自豪是因为，这里是习近平总书记到过的地方，是

▲ 张明为"三下乡"团队讲解十八洞村党建情况

"精准扶贫"首倡地，为新时代贫困地区脱贫致富走上小康提供了成功样本，在大学生面前讲述十八洞村的故事，让我很自豪和骄傲。除此之外，每天我也可以见到全国各地的游客，和他们交流，给他们提供志愿服务。这个服务的过程，也让我很有成就感，因为我可以在平凡的岗位上，把平凡的事做得那么不平凡，用自己的实际行动践行着一名西部计划志愿者的精神。在平时的志愿工作中，我都会积极地加入十八洞村的建设。2022年，十八洞村开展敲门行动，我和县消防部门一起在村里入户排查安全隐患，向村民宣传用电安全、用火安全。

虽然我只是十八洞村一名普通的志愿者，但每当家人或者亲戚朋友给我打电话时，我就会有一种油然而来的自豪感。前几天，我外公和我打电话讲："你在湘西那边好不好？"我说："好得很。我现在在十八洞村，十八洞你晓得不，2013 年习近平总书记到过我们这里。"外公说："那里是个好地方呀，习近平总书记都到过，你要好好搞工作。在这么好的地方做工作，这是组织对你的信任。要好好搞。"之前和家里打电话，我妈身边有邻居。邻居就顺嘴问了一下："你家张明去哪里工作了？现在搞得怎么样啦？"这个时候我妈自豪地回答："我儿子在湘西工作，他们那边有个村叫十八洞，我儿子就在那里帮帮忙。"邻居就感叹："十八洞村呀，我知道呀，习近平总书记到过的地方。那可是好地方，那要好好搞咧。"

作为一名西部计划志愿者，能够在十八洞村工作，我感到无比自豪和骄傲，在工作中我时刻鞭策自己要毫不吝惜地奉献出自己的空闲时间，不追求回报，努力工作，全心全意为人民服务。每当我在十八洞村完成一项工作或者帮助群众解决了一个问题时，我都会有一种成就感，觉得特别有意义。在今后的日子里，我将在十八洞村继续弘扬奉献、友爱、互助、进步的志愿精神，坚持与祖国同行，用实际行动贡献自己的力量，把自己的爱心、青春奉献给祖国最需要的地方，奉献给我引以为豪的十八洞村。

杜天宇

男，汉族，1994 年 8 月出生

河北邯郸人，十八洞村游客。

一次令人震撼的红色之旅

口述：杜天宇

整理：朱永炀　谭秀华

2023 年的 7 月 26 日，伴随着绵绵细雨，我来到了湖南省湘西土家族苗族自治州花垣县的十八洞村。十八洞村是"精准扶贫"首倡地，是展示习近平总书记思想伟力、人民情怀和务实作风的重要窗口，是中国共产党带领人民取得脱贫攻坚战伟大胜利的成功典范，是中华民族消除绝对贫困和迈向共同富裕的时代标高，现已成为湖南最为红火的红色打卡点，我跨越千里、慕名而来。

"八山两田水，地无三尺平。"十八洞村地处深山峡谷，山坡多，良田少，粮食产量低，农民耕耘"雷公田"只能靠天吃饭。这是我通过电视新闻媒体等对十八洞村以前样貌的印象，直至今日身处十八洞，走近它，了解它，我被这次红色之旅的所见所闻深深震撼。我乘坐观光游览车，抵达十八洞村村部，当地导游热情地接待了我们。稍作整顿之后，我们跟随导游前往十八洞村精准扶贫主题陈列馆。刚进入陈列馆，"'精准扶贫'首倡地"七个大字映入眼帘。我平时比较关注国家大事，"精准扶贫"首倡地十八洞村走出的精准脱贫之路，已成为全国脱贫攻坚的时代样本。馆内主题内容主要分为三部分。第一部分，主要介绍习近平总书记于 2013 年 11 月 3 日下午，带着对贫困群众的牵挂来到了十八洞村。我也询问当地的居民，他们说得最多的就是感激总书记的到来，给村子带来了发展的机会，让更多的人关注到十八洞村。第二部分，主要介绍了十八洞村脱贫的举措，总结起来就是"因地制宜"。十八洞村依山傍水，绿树成荫，是难得的旅游胜地，发展特色自然

▲ 十八洞村精准扶贫主题陈列馆内景

风光旅游也是实现脱贫致富的有效手段。另外，十八洞村也是重要的猕猴桃养殖基地，当地百姓通过自己的双手，充分利用近千亩的土地，创造财富。看到这些具体措施，我真正感受到了为什么当地百姓能够实实在在地做到"富起来"。最后一部分，也是这次旅行印象最深刻的一幅画，就是在实施精准扶贫政策之后，当地群众生活质量提高，他们露出了笑容。就是这一张一张微笑着的脸庞，让我感受到这是真实的、发自内心的喜悦。

从展览馆出来后，我们跟随导游前往十八洞村梨子寨。据导游介绍，十八洞村共有四个自然寨，分别为梨子寨、竹子寨、飞虫寨、当戎寨。大约十分钟后，我们抵达了梨子寨，看到了一棵高大的梨树，其寨落名字也由此而来。走在寨子的小路上，穿过一间间苗族特色的木质房屋，来到了精准坪广场，习近平总书记也就是在这里首次提出精准扶贫重要理念。从精准坪广场眺望远处，群山环抱，云雾缭绕，令人心旷神怡，真是好山好水好风光。领略完十八洞村的自然风光后，我们又来到位于梨子寨的苗绣乡村振兴示范基地。进入房内，几位老奶奶正拿着针线刺绣，各种扇子、首饰等工艺品摆放在柜子上供来往的游客参观，我看许多游客都停下步伐，仔细欣赏一件件精美的艺术品。苗绣是中国历史文化中特有的艺术表现形式，同时是苗族妇女勤劳智慧的结晶，我虽然对此了解不多，但还是被精美的苗绣作品吸引。

纵观一路，我感触颇多，首先就是十八洞村的变化，从之前百姓落后贫困变为现在人民安居乐业。家家户户，从里到外都焕然一新，大家也都能通过自己的双手创造财富，做到自力更生。我感受最深的是，当地人的热情。从十八洞村接待我们的导游，到十八洞村寨子的居民，还有做苗绣的老奶奶，让我有如同在家乡的感觉。即便是有的奶奶还讲着苗族语言，但是这丝毫不妨碍我们交流，一个微笑，一个手势，都传达着善意。

中华民族五千多年文明史就是一部与贫困作斗争的历史。从古代以民为本的扶贫理念演变，到中国共产党以人民为中心的精准扶贫实践，无不蕴含着中华民族摆脱贫困的追求与梦想。然而，历朝历代都未曾消除绝对贫困，只有在中国共产党的领导下，"泛可小康"的梦想才真正成为现实，五千年文明史终于翻开了告别绝对贫困的一页。十八洞村作为精准扶贫脱贫这一伟大实践的首倡地，在党的领导下，克服"等、靠、要"的思想，以"首倡之地当有首倡之为"的使命担当，大胆探索、攻坚克难，用自己的聪明智慧和勤劳双手实现了古老苗寨一步千年的嬗变。

　　红色之旅，收获颇丰。幸福不是天上掉下来的，十八洞村的变化让人震撼、令人震惊，作为新时代的年轻人，我要学习十八洞村民这种因地制宜、迎难而上、借势而为、自我奋斗的精神，把自己的命运融入中华民族伟大复兴的历史潮流中。

王　丽

女，汉族，1998 年 5 月出生

山东枣庄人，吉首大学文学院在读研究生。

我来这里推广普通话

口述：王　丽
整理：郭　维　朱永炀

　　因为参加学校 2023 年的暑假社会实践，我来到十八洞小学当一名支教老师。我们文学院研究生团队支教的一个主题就是"推广普通话"。在选择支教的地点时，我们首先就想到了十八洞村。因为十八洞村全国闻名，这里是"精准扶贫"首倡地。十年前，习近平总书记来到这里，并在这里同村民们召开座谈会，提出了精准扶贫重要理念。十年的时间，虽然我通过网络了解到十八洞村已发生了巨大变化，但特别想去实地参观、学习，亲身感受一下十八洞村的变化。对十八洞村，我充满了好奇与向往。再从支教的主题来讲，这里属于苗族群众聚居之地，据我们了解，以前，很多村民都是说苗语的，年纪大一点的老人都不会说汉语。可是这个时代是不断进步的，孩子们要想真正地走出大山，不仅需要学苗语，也要学讲普通话。所以我们认为来到这里推广普通话，是一件很有意义的事情。综合考虑后，我们的团队最终选择来十八洞小学支教。

　　来到这里后，意外的事一件接一件。来村里后我发现，十八洞村虽然在深山里，但是交通条件非常好，从下高速到进村，道路全部都已经变成了宽敞的沥青路，而且还是标准的两车道。从村里到国道，最近的寨子只要5分钟，最远的不过20分钟。从村口到矮寨高速路口，20分钟内就可以到达。这里不仅交通条件好，每个寨子都非常干净、整洁，有人专门负责打扫卫生，路上找不到一处垃圾、一个烟头，即使这里每天有很多游客来参观、学习，卫生也依然做得很好，这样的卫生环境在农村还是很少见的。这里每天游客如织、络绎不绝，村民也把握了商机，农家乐、民宿及各样的小吃摊点非常多，每天都是热热闹闹、红红火火的，一派繁华热闹的景象让我感到很惊喜。如果不是参观十八洞村展览馆时看到以前的老照片，我们肯定不敢相信，这个小山村在这十年中发生了奇迹般的变化。

支教的这段日子里，印象最深刻的就是这里的人都非常淳朴热情，当我们带着名单一家一家地去寻找学生的时候，每一位家长都十分欢迎我们的到来，每一个孩子也都会热情地带我们去找名单里的下一个孩子。原本以为在这人生地不熟的地方，统计学生名单是一个十分艰巨的任务，结果我们一个上午就完成了。村民的热情，让我们团队感受到他们对孩子教育的重视，也更加坚定了我们要认真完成任务的决心。

除了村民的热情，孩子们的表现同样也让我很意外。孩子们都热爱学习，并主动报名了这次的学习。经过课堂教学后，我发现这里的学生普通话水平比我想象中的要好很多，大家相互之间都可以用流利的普通话交流。后来我们才知道，他们的老师本就是湖南第一师范学院毕业的全日制本科生，平时都是用普通话教学。而且这里早就通了网络，还可以和北京、长沙的小学名校共享课堂。这里的学生，好多上过中央电视台和湖南电视台，是见过"大世面"的，他们都能说一口流利的普通话了。其实，不仅这里的学生，就是没进过学堂的叔叔阿姨们，在和外来游客的交流中都已经会讲普通话了，虽然可能不太标准，但最起码能正常对话了。几天的活动下来，我和团队的同学交流时还在开玩笑地说，这里的孩子都会讲普通话，我们来这里推广普通话，相当于做了"无用功"！当然，这是开玩笑讲的，我们给这里的学生带来了新的知识、新的学习方法，也是很有成就感的。

在这里，我们团队透过一个小山村的变化，真真切切地感受到精准扶贫这十年来十八洞村发生了历史性巨变，十八洞村的教育实现了质的飞跃！

贾宇瀚

男，汉族，1998 年 7 月出生

山西太原人，十八洞村游客。

一次精神的洗礼

口述：贾宇瀚

整理：谭秀华　朱永炀

2023 年 7 月 25 日，我来到十八洞村旅游。十八洞村是"精准扶贫"首倡地，十八洞村脱贫攻坚实践所获得的巨大成就，为新时代脱贫致富工作树立了成功的样板，也为特困地区的高质量均衡普惠发展贡献了切实可行的模式。对这里，我充满好奇与向往，更生出崇敬与憧憬。来之前，我对十八洞村的印象可能还停留在十年前，那个地处武陵山深处的小山村。来了之后，两极反转令我大为惊叹。道路整洁宽敞，空气清新，风景秀丽，浓厚的人文气息让我流连忘返。

"水光潋滟晴方好，山色空蒙雨亦奇。"今日的一场蒙蒙细雨，让我误入了十八洞的"人间仙境"。来的时候还在感慨天公不作美，下起雨来耽误我们游玩。进入十八洞村，群山环绕、薄雾萦绕的梨子寨宛如人间仙境，这是我在山西从未见过的美景。这时我才懂得，这场雨是大自然给我们的馈赠。进寨后，蜿蜒的石板路平整洁净，青瓦木屋错落有致，浓烈的民族文化气息扑面而来。经过长廊以后，村规民约立在一侧，体现了十八洞村高度自觉的村民自治。到寨子里面会发现，每家每户都打扫得非常干净整洁，门口放置方便游客的垃圾篓，门框上都有牌匾对联。"含辛茹苦成才儿女初心就，栉风沐雨脱困娘亲夙愿成""正气凝心农家乐接盈盈客，帮扶聚力宅第欣荣暖暖春""阳光大道条条彰显党恩，致富政策处处顺应民意"……一副副对联，一个个脱贫故事，处处彰显了十八洞村村民的感恩之情。再往里走，会发现村里处处设置文明标语，除此之外还有像"各民族要像石榴籽一样紧紧抱在一起"等时代标语。有的甚至融入了民族特色，用苗语在下边进行标注。十八洞村的村民教了我一句苗语，"漂亮女孩"用苗语来说叫 peidaipa，汉音译"陪代帕"。

不得不提的是，十八洞村的村民真的很热情。从我进寨口开始，每个村民脸上都洋溢着真诚的笑容，村口穿着苗族服饰、戴着头巾的奶奶，用一口不太流利的普通话耐心地向我们介绍她的农产品，即便我们最后没有买，奶

▲ 十八洞梨子寨风光

奶也一直笑脸相送。还有热情的苗族姑娘给我们品尝她们手工制作的葛根酥，苗族小伙子给我们试吃他家自产的蜂蜜。来到石拔三老人家里，不断地有游客提出跟她合影留念，老人也始终面带微笑，不厌其烦地配合着。村里的农家乐也搞得红红火火，在炎炎烈日中，村民会邀请游客进家里乘凉吹风。说到这里，还要提一嘴的就是十八洞村的腊味，真的让人回味。村里家家户户都制作腊肉，它们被悬挂在堂屋的房梁上，这不仅是一道美味，也成了一道风景。我想，在这样民风淳朴的村寨里生活，应该都会很长寿吧。

最让我震撼的是精准扶贫重要理念在这里落地落实落细，并迸发了巨大成效。在这里，家家户户充满脱贫致富后幸福的笑声。地段好的农户办起了农家乐、民宿，年收入能达十几万元；老年人，在游客中心、停车场摆地摊；年轻漂亮的苗家阿妹当起了导游，一个月都有四千多元的收入；大学生返乡创业，有的直播带货，有的养蜂，有的种黄桃，他们凭借自己的知识与技术发展产业；留守妇女和老人在苗绣合作社刺绣，一个月也有几千块的收入；等等。在这里，村民们根据自己的实际情况就业或创业，他们依靠自己勤劳的双手，不等不靠不要，在政府的引导和帮扶下脱贫致富。十八洞村作为展示中国减贫事业巨大成就的一扇标志性窗口，折射出习近平总书记精准扶贫重要理念的真理光芒和实践伟力。

十八洞村人与自然和谐共处、乡村建设与原生态协调统一、乡村建筑与民族特色完美融合，这一切都令我流连忘返。不得不说，此次旅行，是一次文化的碰撞，更是一次精神的洗礼。

苏 洁

女，2001 年 6 月出生

汉族，广东潮州人，东莞城市学院法学院学生。

感悟"三色"文化

口述：苏　洁
整理：郭　维　欧阳静

　　因为参加学校 2023 年的暑假社会实践，我非常荣幸来到了湘西的十八洞村。

　　我们这次暑期调研主题就是"行首倡之地寻三色，探扶贫之道助振兴"。十八洞村作为"精准扶贫"首倡地，推动一、二、三产业融合发展，打造红色、绿色、古色"三色"乡村产业。所谓红色，就是十八洞村作为全国脱贫攻坚交流基地，可以通过研学交流，打造红色旅游线路，讲好红色故事。所谓绿色，就是充分利用此地高山、峡谷、瀑布、溶洞等丰富的自然资源，开发建设田园综合体，实现绿色资源的经济价值。所谓古色，就是挖掘苗族聚集区的浓厚民族文化，进一步推进文旅融合，"绣"好古色文化。

　　深入苗寨后，我深深感到，十八洞村的红色地标令人敬仰。十八洞村作为全国脱贫攻坚的交流基地，不断在讲好脱贫攻坚的精彩故事上下功夫，记载着我们党带领人民脱贫攻坚的伟大成就，展示了中国之治的红色地标。我们在调研中发现，为了全面展示脱贫历程，十八洞村在游客服务中心、精准坪广场、村部修建了脱贫攻坚展厅，向游客展示十八洞村是如何在精准扶贫重要理念的指引下，实施"五个一批""六个精准"等精准扶贫举措，成为全国脱贫样板的过程。同时，十八洞村组建景区导游和宣讲员队伍，带领游客重走习近平总书记视察线路，见证"老百姓的生活好幸福"的深刻变化。

▲　十八洞村生产的特色竹制品

越来越多的人来到这里，触摸精准扶贫红色印记，感受脱贫攻坚带来的历史巨变。2022年，全国18.43万人次党员干部先后来到十八洞村参观学习，各地党政、企事业团体到这里开展各项活动累计达3000余次。

　　这里绿色生态助力发展的情况，给我留下了深刻的印象。在调研中，

我们发现，十八洞充分利用自身的优势，打造绿色文化。2021年，成功创建了矮寨·十八洞·德夯大峡谷国家AAAAA级景区，正式跻身全国一线品牌景点序列。为进一步美化绿化生态环境，十八洞在全村范围内实施了景区提质工程，开发人脸识别、旅行App、智能停车等多种智慧管理模式，启用无人售检票系统，开通到矮寨景区的旅游公交专线，陆续建成精准扶贫展陈馆、旅游厕所、电商服务站、特色产品店、金融服务站、3000米游步道、4个停车场、标识标牌等旅游服务设施并投入使用。同时，十八洞村坚持原生态、乡土味、民族性特点，大力开展微景观、微菜园、微庭院、微森林、微墙绘和创建美丽农家"五微一创"活动，有效实现了村庄道路宽敞明亮、房前屋后干净整洁。因地制宜开发生态资源，一批重点项目相继实施。目前，总投资4.28亿元的十八洞田园综合体项目一期即将竣工，高名山十八洞溶洞开发项目已进入深度设计阶段。

更让我吃惊的是这里的"古色"文化充满魅力。十八洞村作为纯苗族地区，原有苗寨风貌保存完好，民族风情浓郁，文化底蕴深厚。十八洞村将民族元素全面融入乡村旅游，挖掘苗族文化元素，开发特色文旅产品。统一翻新和着色村组之间的公路，修缮村民生产生活墙画，村部外修建由碎石板路和木质栏杆组成的文化广场，新建具有特色的村级游客服务中心、电商服务站、特色产品店等旅游公共服务机构，并在机构旁布满重要景点及民族经典语句的木质标志牌，与周边的自然要素巧妙融合，突出民族特色建筑风格，保持古色古香的民族传统村落景观。为传承保护、发扬光大民族特色文化，梨子寨苗绣展陈馆和飞虫寨十八洞苗绣合作社等通过苗绣布展与陈列，大力推广特色苗绣非遗绝技。竹子寨部分农家乐大力弘扬"竹文化"，推出一系列以竹子为主题的文化体验活动，游客可在竹椅上休憩，观摩把玩竹制手工艺品，品尝竹筒饭、竹笋等美食，现场体验独具特色的"全竹宴"，近距离感受苗族群众的心灵手巧和民族文化特色。平时，十八洞村组织开展唱苗歌、打苗鼓、过苗年等各类民俗文化活动，既吸引了全国各地游客前来参观，也极大丰富了当地村民的精神文化生活。为打造沉浸式研学活动，十八洞村专门设立文化体验场所，青少年可深度体验做苗绣、打糍粑、蜡染等活动。

读万卷书，行万里路。在十八洞村，我们用眼睛去观察、用耳朵去聆听、用双脚去丈量、用真心去感受。十八洞村的变化令人震撼，十八洞村的精神激励我们前进。

吴晓东

男，苗族，1986 年 2 月出生
中共党员

　　湖南湘西州保靖县人，现为中共保靖县委党建办负责人，曾到十八洞村参观学习。

我来这里学习"互助五兴"

口述：吴晓东

整理：韩志强　代尚锐

说起十八洞村，它不但是"精准扶贫"首倡地，在决战决胜脱贫攻坚战中具有重要的历史意义，而且已经成为湘西土家族苗族自治州一张靓丽的名片。党的十八大以来，州里多次组织我们到十八洞村参观学习，不光是要让我们领悟脱贫攻坚精神，更多的是让我们感受十八洞村的"山乡巨变"，学习了解十八洞村关于基层党组织战斗堡垒和党员先锋模范作用发挥等经验做法。通过参观学习，这里的变化令人震撼，不仅仅在于扶贫措施的精准，更在于一大批听民意、聚民心、汇民智、解民忧的创新实践，比如，在这里探索总结并在全州推行的农村基层治理新模式——"党建引领、互助五兴"。

俗话说"火车跑得快，全靠车头带"。我了解到，2014年以前，十八洞村党支部班子只有3个人，后来，十八洞村通过民主选举、配强班子、建好队伍等一系列操作，不断加强村级组织建设，将村党支部打造成带领群众脱贫致富的战斗堡垒。建强了班子，有了引领，党员的示范带头作用也就得到

▲ 吴晓东与同事在十八洞村参观学习

了明显增强。有一次，村里修路占地没钱补偿，老党员龙太金主动说"从我家的地方先挖"，在他的"感染"下，村民们纷纷为路让路，不到半年就修出了一条致富路。十八洞村还开通了"湘西 e 路通"，倡导群众办事"最多跑一次，办事不出村"。

"党建引领、互助五兴"农村基层治理新模式，就是以村党支部为核心，由党员和能人带头，在"居住相邻、优势相补、双向选择"的基础上，以 1户党员或能人作为中心户，组织互助 5 户群众的形式，结成"互助小组"，在"学习互助兴思想、生产互助兴产业、乡风互助兴文明、邻里互助兴和谐、绿色互助兴家园"五个方面开展互助行动。党员们凡事都冲在前面，处处当好榜样。"和谐村寨一家亲"互帮互助的理念日益深入人心，"亲帮亲相互扶持、户帮户抱团发展"已成为符合苗乡群众内心期盼的实际行动，并形成了党组织引领、党员带动、群众参与的党群互助奔小康的生动局面，村民对村支"两委"的满意率由以往的 68% 上升到现在的 98%。

曾经的十八洞村村民很多都存在"等、靠、要"的依赖思想，驻村工作队入驻之后，每天起早摸黑与村"两委"班子挨家挨户上门去做思想工作，创新推行了"思想道德星级化管理模式"，开设道德讲堂，开展歌咏、舞蹈、小品、苗鼓等丰富多彩的文化活动。每年 11 月 3 日举办文艺晚会，对优秀村民和互帮互助先进典型进行表彰，逐步实现从外部性帮扶向村民内生动力互帮互助的转变，取得了较好成效。

2012 年，十八洞村仅有 417 亩水稻，100 亩玉米，300 多亩烟叶，全村总收入仅 140 余万元，没有集体经济收入。2013 年 11 月以来，十八洞村驻村工作队及村"两委"班子按照习近平总书记考察时说的"把路子摸清楚，然后扎扎实实地做。我们一定要让我们这些父老乡亲们的生活越来越好"的要求，因地制宜发展当地特色产业，形成了乡村游、黄桃、猕猴桃、苗绣、劳务输出、山泉水、中药材种植等"旅游 +"产业体系。其中创新"飞地经济"模式发展的千亩精品猕猴桃基地，产品实现港澳直通，每年给脱贫户人均分红近 1200 元。2014 年成立了苗绣特产农民专业合作社，到 2017 年 2 月全村 136 户建档立卡贫困户整体脱贫时，苗绣产业收入占年收入 1/3 以上。于 2017 年 4 月投资建设的十八洞村山泉水厂仅 2021 年就向村集体经济分红达到 64 万元，累计为村集体分红近 300 万元，带动 20 余名村民常年在水厂务工。十八洞村人均收入从 2013 年的 1688 元增长到现在的 23505 元，村集体经济收入从空白增长至 380 万元。在十八洞村精准扶贫展示厅，一个个脱单的笑脸上了展示墙，讲解员介绍，"目前村里已累计有 33 名大龄青年如愿脱单"。

通过深入推行"党建引领、互助五兴"基层治理模式等一系列强基础、增活力、添动力的有效举措，十八洞村村民的物质生活和精神面貌发生了翻天覆地的变化，焕发着乡风文明新气象。从一个深度贫困苗乡到先后获评"全国先进基层党组织"、"全国脱贫攻坚楷模"、国家 AAAAA 级景区、爱国主义教育示范基地的幸福蝶变，十八洞村的发展提供了借鉴样板。现在的十八洞村，人人积极参与村内事业，处处洋溢着欣欣向荣、生机勃勃的生动画面。

后　记

　　十八洞村是习近平总书记精准扶贫重要理念的首倡地，创造了中国脱贫攻坚的鲜活样本，成为国际减贫史上的重要地标，充分彰显了精准扶贫重要理念的实践伟力。客观真实地记载好十八洞村新时代十年的历史巨变，是史志部门义不容辞的政治责任。

　　2022 年 6 月，经过实地座谈调研和听取相关专家的意见建议，湘西土家族苗族自治州地方志编纂室决定启动《人民的见证：十八洞村十年巨变口述史》编纂工作，起草了编纂方案，拟定篇目设计。编纂工作方案得到湖南省地方志编纂院和湘西土家族苗族自治州委、湘西土家族苗族自治州人民政府领导的肯定与支持后，省、州、县地方志编纂部门迅速组织精干力量筹建编辑部，收集相关资料。经过培训后，10 余名史志专家、史志干部连续 5 个月的时间吃住在十八洞村，与十八洞村群众、游客面对面、心贴心的沟通交流。5 个月的时间，共访谈十八洞村民群众、返乡青年、创业先锋、外嫁女儿、嫁入媳妇和部分基层党员干部等 100 余人。编辑部对 100 余人的访谈资料进行整理、甄别、审核，听取相关史志专家和十八洞村支"两委"干部、十八洞村民群众的意见建议后，综合考虑篇目结构等综合因数，收录 80 人的口述内容，形成样书。湘西土家族苗族自治州地方志编纂室联合花垣县委宣传部、花垣县地方志编纂室，邀请省州县史志专家、十八洞村支"两委"干部、十八洞村民代表、被采访代表等，分别在吉首市和花垣县十八洞村召开评审会，对样书样评审。编辑部根据评审意见进行修改、补充，形成送审稿，送东方出版社审核出版。

《人民的见证：十八洞村十年巨变口述史》分为春风雨露、春风化雨、春风桃李、春晖寸草、春华秋实等 5 个章节，共收录基层党员干部、村民群众等 80 人的口述内容，收藏体现十八洞村及村民变化等各种类型照片 200 余张。口述内容和照片全方位立体展现十八洞村十年来在基层组织、基础设施、集体经济、村容村貌、产业发展、村民收入、生活质量、精神面貌等方面的历史巨变。一个个生动的案例、一句句朴实的语言，展现了中国共产党对人民浓厚的关怀关爱之情，展现了人民对中国共产党深厚的拥护爱戴之情。

本书采用口述史文体，实事求是、准确客观地记述了十八洞村新时代十年的历史巨变。口述部分尽量保持被采访者的语言表达方式和用词，适当保留了地方方言、俚语，以彰显地域特点和民族特色。另外，本书广泛吸收了《湘西土家族苗族自治州扶贫志》《十八洞村志》和人民网、新华网、《新湖南》《团结报》等书籍和媒体报刊的相关资料。本书在编纂过程中，得到花垣县委、县政府和双龙镇党委、双龙镇政府及十八洞村党支部、村委会的大力帮助指导，得到十八洞村民的积极配合。湘西学府文化传播有限公司、十八洞村委会、十八洞村民以及广大摄影爱好者无偿提供照片，在此一并表示感谢！

鉴于本书上下限时间跨度较长，涉及的人物、事项较多，我们对十八洞村历史资料及变化的收集、挖掘、研究还不够全面、不够深入、不够系统，加之编纂水平有限，书中纰漏、错误之处在所难免，恳请各级领导、史志同仁、专家学者及广大读者不吝赐教，批评指正！